天皇は宗教と
どう向き合ってきたか

原　武史

潮新書
023

潮出版社

第3章　人間に戻った「現人神」

プロローグ

天皇は「現人神」となった

明治5年、
明治天皇臨席のもと
横浜で行われた
日本最初の
鉄道開通式の様子

明治まで「天皇家＝神道」ではなかった

本書はタイトルのとおり、「天皇は宗教とどう向き合ってきたか」という問題を概観してみようという試みです。

もちろん、歴代天皇すべてについて論じていたら、分量が膨大になってしまいます。一般読者の関心は、おもに近現代の天皇、具体的には昭和天皇と、二〇一九年四月三十日に退位し、五月一日からは上皇となる天皇明仁《あきひと》に向けられているでしょうから、基本的には昭和・平成の時代に絞り、皇后や天皇の弟たちにも注意を払いつつ話を進めることにします。

なお、しばしば誤解されるので一言しておくと、「平成天皇」というのは死後のおくり名（諡号《しごう》）になるはずですから、現在は使えません。本書では名前の「明仁」にちなみ、天皇明仁と呼ぶことにします。皇后も同様です。

この「プロローグ」ではまず、昭和天皇についての話を始める前に、読者のみなさんにふまえておいていただきたい〝前提〟的な事柄に触れておきましょう。

一九年に予定されている一連の皇位継承の儀式は、同年三月十二日の「退位及びその期日奉告《ほうこく》の儀」（自らが退位することやその期日をアマテラスや歴代天皇などに報告する儀式）に始まり、五月一日の「剣璽等承継《けんじとうしょうけい》の儀《ぎ》」（三種の神器《じんぎ》のうち、剣と勾玉《まがたま》を新天皇が受け継ぐ儀式）を経て、同年十一月十四日から十五日にかけての「大嘗祭《だいじょうさい》」（新天皇が即位後に初めて行う「新嘗祭《にいなめ》」）まで、その多くが神道にのっとって行われます。

このように説明すると、「皇室の宗教は昔からずっと神道」と思われるかもしれませんが、歴史を振り返れば、必ずしもそうとは言えません。皇室の宗教が公式に神道となったのは、じつは明治以降なのです。

明治維新後、新政府は「神仏分離令」を発し、それまで一般的だった、外来の「仏教」と日本古来の「神道」が融合した「神仏習合《しゅうごう》」の慣習を排して、純粋な神道を作り出そうと試みました。しかし、もともとは皇室といえども神仏習合の例外ではなく、仏教の影響を強く受けていたのです。

奈良時代の孝謙《こうけん》天皇から江戸時代の霊元《れいげん》天皇までの約一〇〇〇年間にわたって、出家した上皇は北朝の天皇を含めて三五人もいました。平安時代の宇多《うだ》天皇からは、出家した上皇は法皇と呼ばれるようになります。

京都市東山区にある「泉涌寺《せんにゅうじ》」という真言宗《しんごんしゅう》の寺には、鎌倉時代から江戸時代にかけての天皇の墓がずらりと並んでいます。泉涌寺は、天皇家の菩提寺《ぼだいじ》という意味で「御寺《みてら》」と称されました。室町時代の後光厳《ごこうごん》から江戸時代末期の孝明《こうめい》まで、歴代天皇の葬儀がここで執り行われたのです。天皇が寺から完全に分離され、仏教色を排した天皇陵に葬られるようになったのは、明治以降なのです。

江戸時代の天皇の「存在感」

では、江戸時代において、一般庶民から見た天皇とはどのような存在だったのでしょうか?

ひとくちに庶民といっても、京都と江戸では天皇の存在感に大きな差がありました。当時、天皇は京都御所に住んでいたので、京都の庶民にとっては比較的身近な存在だったのです。

とはいえ、京都でも庶民が天皇の姿をあからさまに見ることはできなかったでしょう。

そもそも、天皇はふだん幕府の管理下に置かれ、事実上幽閉されていましたから、その行動にはかなりの制限があったのです。

当時、京都の庶民は天皇のことを「禁裏様《きんりさま》」もしくは「禁中様《きんちゅうさま》」と呼んでいました。禁裏・禁中とは「みだりにその中へ入ることのできない天皇の住居」を意味する言葉で、転じてそこに住む天皇自身を指す敬称になったものです。御所に「禁裏様」が住んでいるとは、みな知っている。しかし、その姿を見たことのある者はほとんどいない――そういう状態だったのだと思います。

それでも、御所は「決して立ち入ることのできない聖域」ではなかったようです。というのも、新天皇の即位式の日には御所が開放され、天皇自身を間近で見ることができなくても、式典自体は見物できたからです。その様子を描いた絵画史料（明正天皇「御即位行幸図屛風」宮内庁所蔵）を見ると、女が赤子に乳を飲ませている場面があるなど、まるでお祭りのように猥雑《わいざつ》でにぎやかな空間になっています（森田登代子『遊楽としての近世天皇即位式　庶民が見物した皇室儀式の世界』ミネルヴァ書房）。

このように、京都に限れば一般にも馴染みがあった天皇ですが、それ以外の地域では、江戸も含め、庶民にとってはほとんど存在感がなかったと思います。

江戸幕府の歴代の徳川将軍のうち、三代・家光までは京都で「将軍宣下《せんげ》」（天皇や勅使が征夷大将軍職に任ずる儀式）を受けました。しかし、それ以後は十四代・家茂《いえもち》までの二百数十年間、上洛《じょうらく》（京都へ行くこと）すらしていません。この間、将軍宣下は江戸城に勅使が赴き、将軍が大広間上段に着座し、勅使が上段に進み、宣旨を述べる形で行ったのです。

つまり江戸時代には、一般的にも外交的にも、政治の中心である江戸にいる将軍こそ御威光の秩序の頂点にある「大君」ないし「国王」と認識されていたのであって、天皇の存在感は非常に小さいものだったのです。庶民においては、とくにそうでした。

ただし、御三家の一つの水戸藩では、徳川光圀《みつくに》が始めた『大日本史』の編纂《へんさん》事業を通して、歴代天皇の事績を明らかにする作業が十七世紀後半から始まりました。十八世紀後半になると、『古事記《こじき》』『万葉集《まんようしゅう》』等の日本古典を研究する学問である「国学」の発展によって、天皇の存在が大きくクローズアップされていきました。とくに、国学の大成者・本居《もとおり》宣長《のりなが》は、『古事記』に登場するアマテラス（天照大御神《あまてらすおおみかみ》）を至高の存在と見做し、日本は中国と違って革命がなく、アマテラスの子孫に当たる天皇に成り代わろうとする野心をもった人間が一人も現れなかったことを、日本のすぐれた国民性の証左と見なしたのです。『古事記』には、アマテラスが「高天原《たかまがはら》」（天上にある神の国）を支配し、その孫のニニギ

（邇邇芸命《ににぎのみこと》）が日本に降臨《こうりん》（天孫《てんそん》降臨）し、さらにニニギのひ孫に当たる神武《じんむ》天皇以来、天皇が代々日本を治めている、と書かれています。このような荒唐無稽なストーリーを、宣長はすべて事実だと信じたのです。そうした考え方は、明治期に確立される「万世一系」イデオロギーを生み出す母体の一つになりました。

　では、将軍を頂点とする同時代の政治を、宣長はどう見ていたのでしょうか。宣長は『玉くしげ』という著作で、将軍の権力は「天照大御神の御はからひ、朝廷の御任《みよさし》」に由来しているという説を唱えています。これを「大政委任論」といいますが、ちょうど同じころ、老中・松平定信《まつだいらさだのぶ》もまた同様の説を提唱します。世間一般から見れば将軍の権力は圧倒的で、天皇は存在感がなかった時代にあって、「じつは天皇のほうが上なのだ」と、幕府中枢の人間が主張し始めたわけです。

　また、やはり十八世紀後半には、光格《こうかく》天皇という強い君主意識を持った天皇が登場してきます。いまの皇室の直系の祖に当たり、退位して上皇となった最後の天皇としても知られています。光格は京都御所の「紫宸殿《ししんでん》」（御所で最も格式の高い「正殿」）を改築して現在と同じ規模にするなど、朝廷権威の強化に努めましたが、死後には「天皇号」が復活しています。それまでの約九〇〇年間は、天皇が亡くなると安徳《あんとく》天皇と後醍醐《ごだいご》天皇を除いて

「○○院」と称されていましたが、光格以降は「○○天皇」という諡号が贈られるようになります。

このように、十八世紀後半以降、天皇の権威を再浮上させようとする動きが同時多発的に起こってきました。

ただ、実態として天皇の権力が急に強まったわけではありません。本居宣長のような一部の知識人が、そういう主張をしていたというだけのこと。松平定信の「大政委任論」にしても、幕府の公式見解になったわけではありませんでした。

また、光格天皇が権威強化に努めたとはいっても、幕府に監視されながら京都のなかにとどまっていたのであって、かつて鎌倉幕府を倒そうとした後醍醐天皇のように、権力奪取を狙って積極的に行動したわけではありません。

失敗した「神道の国教化」

明治維新というのは、天皇が主体的に関わったわけではありません。天皇は倒幕運動を起こしたわけではなく、神輿《みこし》のようにただ周囲に担がれた存在だったのです。その点が、

「建武の新政」へと主体的に動いた後醍醐とは決定的に違います。天皇を担ぎ上げたのは、薩長を中心とした藩閥勢力と京都の公家勢力であり、彼らが合体して起こしたクーデターが明治維新でした。

もちろん、「王政復古の大号令」も「五箇条の御誓文《ごせいもん》」も、明治天皇の名の下に発せられてはいました。しかし、その〝シナリオ〟を書いたのは天皇自身ではなく、天皇を担ぎ上げた者たちでした。彼らは天皇という「錦の御旗《みはた》」を掲げ、戊辰《ぼしん》戦争を勝ち抜き、旧幕府勢力を平定していったのです。

明治新政府は、神道を新たな国の宗教、すなわち国教にしようとしました。その際、神道国教化を正当化するイデオロギーとなったのが、「復古神道」でした。復古神道というのは、神仏習合以前への復古を目指す神道のことです。

その復古神道を準備したのが本居宣長であり、大成したのが江戸後期の国学者・平田篤胤《ひらたあつたね》です。篤胤は、宣長と直接の知遇は得られなかったものの、宣長の「没後門人」を自称するほど、その思想に強い影響を受けています。ただし、宣長と篤胤の思想には大きな相違点もありました。

宣長が日本古典の中で『古事記』をとくに重視し、『日本書紀』については中国的思考

（「からごころ」）の影響を強く受けたものとして批判したことは、よく知られています。とはいえ、宣長は『日本書紀』を全面的にしりぞけたわけではありません。『古事記』の膨大な注釈書である主著『古事記伝』の中で、宣長は『日本書紀』にしか出てこない「顕」と「幽」の概念に言及しているのです。

それは、オオクニヌシ（大国主神）の「国譲り《くにゆず》」の場面に出てくる概念です。〝オオクニヌシが治めていた「顕露《あらわ》の事《こと》」については天皇に統治権を譲る代わりに、「幽事《かくれたること》」についてはオオクニヌシに統治させる〟――そのような交換条件に、オオクニヌシが喜んで同意するというのが「国譲り」です。

この場面について、宣長は「顕」は天皇が統治する「見える世界」、「幽」は神が統治する「見えない世界」と解釈しました。ただし、「見えない世界」とは死後の世界を意味するわけではありません。宣長は死後の世界はないと捉えていたのです。篤胤が受け入れられなかったのは、その点でした。篤胤は『霊能真柱《たまのみはしら》』という著書で、宣長の死に関する解釈を批判しました。そして、『日本書紀』の記述に基づき、「幽冥界《ゆうめいかい》」が死後の世界に当たると解釈したのです。

〝生前の世界に当たる「顕明界《けんめいかい》」は天皇が治めているが、人は死ねば霊魂が「幽冥界」に赴き、オオクニヌシに生前の行いを裁かれ、その支配下に入る〟というのが、篤胤の解釈でした。これは非常に革新的な解釈といえます。なぜなら、そのように篤胤が死後の世界を想定したことによって、国学という学問は初めて復古神道という宗教に転化したからです。

さらに篤胤は『古史伝《こしでん》』の中で、生前の世界である「顕明界」は一時的な仮の世に過ぎず、死後の世界である「幽冥界」こそ永続的な真の世界である、と解釈しました。こうして篤胤は宣長が確立させたアマテラス＝伊勢神宮中心の神学（宗教学）を大きく転回させ、オオクニヌシ＝出雲《いずも》大社中心の神学を確立させたのです。

すでに述べたとおり、明治新政府は篤胤が大成した復古神道を、神道国教化を正当化する土台としました。ところが、篤胤の解釈をそのまま受け入れると、新政府にとって困った問題が生じます。死後の世界である「幽冥界」の支配者がオオクニヌシなら、天皇もまた死後にはオオクニヌシの支配下に入ってしまう。天皇よりもオオクニヌシの方が絶対的存在になってしまうわけで、天皇を絶対化するには都合が悪いのです。

そもそも、「天皇はアマテラスからずっと血統でつながっているから尊い」とする「万世一系」イデオロギーは、オオクニヌシを中心とする篤胤の神学とは相容《あいい》れない面があったのです。

そこで明治新政府は、篤胤の門人の一人でありながら、「幽冥界はオオクニヌシではなくアマテラスが支配している」との説を唱えた大国隆正《おおくにたかまさ》の神学を採用しました。大国隆正は、篤胤の「顕」と「幽」という世界観は踏襲しながらも、アマテラス中心、伊勢神宮中心の宣長の説に合わせる形で、篤胤の復古神道を修正した人物です。

しかし、篤胤が依拠した『日本書紀』には、そもそも「死後の世界はアマテラスが治めている」と解釈できる記述がありません。大国隆正の神学を中心に神道国教化を推し進めたこと自体、かなりの無理があったのです。このためオオクニヌシを祀《まつ》る出雲大社側からも、排除された既存仏教勢力からも、強い反発が起こりました。

そうした事情もあり、明治政府は神道国教化の方針をあっさり引っ込めることになります。また、「アマテラスが死後の世界を支配している」という、大国隆正の説に基づく主張もしなくなりました。

そもそも江戸時代には、アマテラスという神は一般にほとんど知られていませんでした。「寺請《てらうけ》制度」によって、すべての民はどこかの寺の檀家《だんか》になっていたからです。そうした状況から、明治維新後にいきなり「天子様ト申上奉《もうしあげたてまつ》ルハ、天照皇大神宮様ノ御子孫ニマシマシテ、此世《このよ》ノ始リヨリ日ノ本ノ御主ニテ、誠ニ尊キ事譬《たとえ》候《そうろう》ニモノ無ク、敬《うやま》フ可《べ》キ事ナリ」（『鶴舞《つるまい》県人民教諭書』、『日本近代思想大系2　天皇と華族』岩波書店所収）と言われても、民衆の側にはそれを受け入れる素地――基礎知識そのものがなかったのです。

このように、明治新政府が目指した神道の国教化という方針には、二重三重に無理がありました。だからこそ、それは挫折したのです。

とはいえ、明治政府は国教化こそあきらめたものの、天皇をアマテラスの子孫と見なして国の統治の中心に据えること自体をあきらめたわけではありませんでした。ただ、そのための方針・戦略を転換したのです。

「天皇の神格化」と国家神道の始まり

神道の国教化を取りやめる一方で、明治政府は全国の神社の「社格」――すなわちランキングを定め、アマテラスを祀る伊勢神宮をその頂点に位置づけました（伊勢神宮の正式名称は「神宮」ですが、本書では通称で表記することにします）。同時に政府は、それまで在位が確定していなかった天皇を確定させる作業を始めました。

現在の学説では、神武《じんむ》天皇はもとより、継体《けいたい》以前の天皇は雄略《ゆうりやく》天皇のような例外を除いておおむね存在していなかったとされています。しかし明治から戦前にかけては、『古事記』や『日本書紀』などに記されるすべての天皇が実在するとされていました。それでも歴代天皇の中には、天皇だったかどうかが判然としない人物が何人かいました。

たとえば、「壬申《じんしん》の乱」（六七二年）に敗北して自害した大友皇子《おおとものおうじ》は、父である天智《てんじ》天皇の後継者として統治にあたっていましたが、正式に即位していたのかどうかははっきりしていませんでした。それを、明治政府が一八七〇（明治三）年に「諡号」を贈り、弘文《こうぶん》天皇として確定したのです。

明治末期には、南北朝時代に並立した南朝と北朝のどちらを正統とすべきかをめぐる「南北朝正閏《せいじゅん》問題」が起こり、明治天皇が南朝を正統とする勅裁を下した結果、北朝の天皇は歴代の天皇としてカウントされなくなりました。最後まで確定しなかったのは神功皇后《じんぐう》と長慶《ちょうけい》天皇でしたが、大正末期には神功皇后を外す代わりに、長慶天皇を第九十八代天皇として確定させました。これにより、初代神武から第百二十三代大正までの天皇が、ようやくすべて確定したのです。一連の決定には、『大日本史』に示された水戸学の天皇観が大きく影響しています。

並行して、存在のはっきりしていなかった古代の天皇陵も、幕末から明治にかけて大急ぎで治定されていきました。その中には、奈良県橿原《かしはら》市にある神武天皇陵のように、事実上新たに築造された天皇陵すらあったのです。

それらの動きは、一八八九（明治二十二）年発布の大日本帝国憲法第一条（「大日本帝国ハ万世一系ノ天皇之ヲ統治ス」）で定式化される「万世一系」の論理のための準備でもありました。歴代天皇がアマテラスから連綿とつながっている一筋の糸であるためには、途中に断絶があってはならなかったのです。

また、大きな功績を挙げた歴代天皇や皇后を祀る神社が、明治から昭和にかけて造られていきました。

後醍醐天皇を祀る吉野神宮（一八八九年創建）、神武天皇と皇后のヒメタタライスズヒメノミコト（媛蹈鞴五十鈴媛命）を祀る橿原神宮（一八九〇年創建）、桓武《かんむ》天皇を祀る平安神宮（一八九五年創建。一九四〇年に孝明天皇を合祀）、明治天皇と昭憲《しょうけん》皇太后を祀る明治神宮（一九二〇年創建）、天智天皇を祀る近江《おうみ》神宮（一九四〇年創建）などがそうです。一九二五年に現在のソウルに創建された朝鮮神宮も、アマテラスと明治天皇を祀っていました。これらの神社は天皇の権威を高め、天皇と神社の結びつきを、植民地を含む全国の国民に知らしめるためのものでもありました。

さらに、現在まで行われているさまざまな宮中祭祀は、「四方拝《しほうはい》」や「新嘗祭」を除いてほとんど、明治になってから作り出されたものです。江戸時代まで伊勢神宮で行われていた神嘗祭《かんなめさい》も、明治以降は宮中の賢所《かしこどころ》でも行われるようになりました。

明治中期には、これらの祭祀を行うための宮中三殿が宮城《きゅうじょう》（現・皇居）のなかにできています。天皇が祭祀の主体になり、外来宗教に対抗するという考え方も、水戸学に由来するものでした。宮中祭祀を国民に知らしめるための祝祭日——四方拝・元始祭《げんしさい》・紀元節《きげんせつ》・春季皇霊祭《こうれいさい》・神武天皇祭・秋季皇霊祭・神嘗祭・天長節《てんちょうせつ》・新嘗祭など——も新たに作られ、国民に否応なしに宮中祭祀を意識させることになりました。

一方、日本が近代国家として出発するためには、憲法で「信教の自由」を認めなければなりませんでした。じっさい、大日本帝国憲法は第二八条で、次のように定めていました。

《日本臣民ハ安寧秩序《あんねいちつじょ》ヲ妨ケス及臣民タルノ義務ニ背《そむ》カサル限ニ於テ信教ノ自由ヲ有ス》

「臣民としての義務に背かない限りにおいて」という条件付きではあるものの、「信教の自由」は認められていたのです。

「信教の自由」を認めつつ、一方では天皇崇拝を国民に強制する……そのような矛盾をうまく両立させるために、明治政府はアクロバティックな論理をくり出します。それは、「神道は祭祀であって宗教ではないから、神社に参拝することは『信教の自由』と矛盾しない」という論理でした。そして、この論理のもと、「いかなる宗教を信仰しようとも、日本国民は必ず天皇を崇敬し、神社に参拝しなければならない。それは『臣民タルノ義務』である」と主張したのです。つまり、「神社神道は宗教ではないのだから、国家が管理してもなんら問題はないだろう」と強弁したわけです。

これが、「国家神道」の始まりでした。「神道の国教化」に挫折した明治政府は、次に〝神道を宗教の枠から外す〟ことによって、遂に特権的な地位を与えようとしたのです。

靖国神社という特異な神社

「神社神道は宗教に非《あら》ず」というのが国家神道のタテマエですが、それは言い換えれば、本居宣長や平田篤胤の神学をもとに神道を宗教化させようとした復古神道的な考え方の全面否定でもありました。

復古神道の考え方を突きつめていくと、「オオクニヌシ＝出雲大社中心の神学」にならざるを得ない。しかし、明治政府のホンネとしては、天皇の祖先たるアマテラスは持ち上げても、オオクニヌシは持ち上げたくない。そういうこともあって、「神社神道は宗教に非ず」という方向に行かざるを得なかったのです。

伊勢神宮を全国の神社の頂点に位置づけるということは、逆に言えば出雲大社をその下に貶《おとし》めるということでもあります。当然、出雲大社としては承服できません。そのため、明治初期には神社界で「伊勢派」対「出雲派」の大論争（「祭神論争」）が起きました。伊勢派とは、伊勢神宮を頂点とするシステムを守り、天皇の絶対性を保持しようとする立場。出雲派とは、あくまでも復古神道の思想を尊重しようとする立場です。

しかし、明治政府の方針に沿っていたのは伊勢派のほうですから、けっきょく出雲派に勝ち目はありませんでした。最終的には、一八八一（明治十四）年に天皇の勅裁という形で、出雲派の主張はしりぞけられることになりました。出雲派は不満だったでしょうが、勅裁である以上、従わざるを得ません。以後、出雲派の教義は、民間の神道──「教派神道」の一派としてのみ公認されることになります。

これによって、国家神道体制が確立されます。オオクニヌシは死後の世界を支配する神としての性質を失い、天皇の統治を支える「護国の神」へと変質していきました。出雲派の中心人物で、『日本書紀』に登場するアメノホヒノミコト（天穂日命）という神の子孫とされた第八十代出雲国造《いずものくにのみやつこ》の千家尊福《せんげたかとみ》が、勅裁を受け入れて「転向」し、「オオクニヌシは護国の神である」と主張し始めたからです。

「護国の神」といえば、靖国《やすくに》神社を連想する向きも多いでしょう。一八六九（明治二）年に、政府は天皇のために戦って死んだ人たちの霊を一括して神として祀る神社を創建しました。それが、現在の靖国神社の前身である「東京招魂《しょうこん》社」です。

当初の東京招魂社は、戊辰戦争における新政府軍の戦死者を一括して祭神とする神社でした。同じ日本人でも、幕府軍の戦死者は祭神にしなかったのです。しかし、一八七七（明治十）年の西南戦争を最後に内乱が起きなくなったため、対外戦争で命を落とした日本人の軍人・軍属をまるごと「英霊《えいれい》」として祀る神社に変わりました。

伊勢対出雲の「祭神論争」とほぼ同時期に、東京招魂社は靖国神社と改称されます。靖国神社と出雲大社には、直接のつながりはありません。しかし、オオクニヌシが護国の神とされたことで、見えないつながりのようなものが生じてきます。国を護るために死んだ英霊たちが祀られるのが靖国神社であり、死後の世界で日本の国を護っているオオクニヌシが祀られているのが出雲大社である……というつながりです。

それは別の角度から見れば、「明治政府が出雲大社をしりぞける代わりに、靖国を表舞台に上げた」というふうに表現することもできるでしょう。つまり、復古神道が持っていた宗教性を、死後の世界やその世界を支配する神を否定するなど、非常に〝矮小化《わいしょう》〟させた形で、靖国に集約させていったのです。

もともと神社に実在の人物が神として祀られるのは、ごく例外的なケースでした。江戸時代までは、菅原道真《すがわらのみちざね》や平将門《たいらのまさかど》のように強い怨念を遺して死んだ人物を鎮める神社か、豊臣秀吉や徳川家康のように大きな功績を遺した人物を顕彰する神社くらいしかなかったのです。

ところが、靖国は戦争で「天皇のために死んだ人間」を、全員無条件に神として祀るという特異な神社です。したがって対外戦争が起こるたびに、靖国神社の祭神はどんどん増えていきました。「神社神道は宗教に非ず」という政府のタテマエとは裏腹に、戦争のたびに宗教的要素が強まっていったのです。

靖国神社の社格は、人臣を祭神とする神社に与えられる「別格官幣社」でしたが、やがて社格の上では頂点にある伊勢神宮と並ぶほどの存在感を示すようになっていきます。戦中期には昭和天皇が、毎年春と秋に新たな戦死者を英霊として合祀するための臨時大祭に合わせて靖国神社を参拝し、その時間に合わせて全国民が黙禱《もくとう》する「全国民黙禱時間」が設けられました。

明治天皇が国民に語りかける形式をとった「教育勅語」には、「一旦緩急《かんきゅう》アレハ義勇公ニ奉シ以テ天壌無窮《てんじょうむきゅう》ノ皇運ヲ扶翼《ふよく》スヘシ」との一節があります。「戦争が起こったなら、大義に基づいて勇気を奮い起こし、永遠に続く天皇の世を支えるため、命を捧げよ」という意味です。しかもそれを、明治天皇自身が国民一人ひとりに「命じている」という形を取っています。

「教育勅語」でそのように「天皇に命を捧げる」ことが称揚される一方、靖国神社を作ったことによって、「戦争で天皇に命を捧げた人間は、一人残らず神になれる」と保障されました。

しかも、靖国に神として祀られるのは、狭義の軍人や軍属だけではありませんでした。戦場で救護に当たった従軍看護婦や女学生、学徒動員中に軍需工場で亡くなった学生など、文官・民間の人々も数多く「英霊」として祀られたのです。靖国神社の付属施設「遊就《ゆうしゅう》館《かん》」には、そうした「英霊」たちの写真が所狭しと並んで展示されています。

「日本を護るために死んだ日本人は、一人残らず神となって、こんどは国を護る存在となる」……このような「平等性」の下で、本来悲しむべき戦争による死が美化され、さらに国民を戦争に向かわわせる大きなモチベーションになっていったのです。

「教育勅語」と、靖国神社というシステム――この二つはコインの裏表のような関係にあって、国家神道体制を支えたと言えます。

「文明開化をもたらした天皇」というイメージ戦略

いかにして天皇の存在を全国民に知らせ、崇敬の念を確立させるか。これは、なかなか困難な課題でした。この課題に応えるべく、明治政府は天皇と国民を結びつけるイメージ戦略を推し進めていくことになります。それは一言で言えば、「文明開化をもたらしたのは天皇である」と国民に思わせる戦略です。

宮中祭祀にちなんだ国民の祝祭日をもうけることも、天皇と国民を近づけるためのイメージ戦略の一つではあったでしょう。ただ、それだけではまったく不十分でした。学校などで新嘗祭や紀元節などの意義を教えたとしても、天皇が祭祀を行っている姿が国民の日に触れるわけではなかったからです。

とはいえ、当時はテレビやラジオもありません。そこで、手っ取り早く国民を天皇の姿に触れさせる場として、「全国巡幸《じゅんこう》」が行われました。つまり、天皇自身に全国を回らせたのです。明治天皇は、一八七二（明治五）年から八五（明治十八）年にかけ、「六大巡幸」と呼ばれる大規模な巡幸を行いました。北海道から九州まで、文字どおり日本全国を回ったのです。それ以外にも、西南戦争が起きた七七（明治十）年には、京都に滞在しながら関西各地を回っています。

明治天皇が十五歳で京都御所から東京に移った東幸のときには、「輿《こし》」（鳳輦《ほうれん》）に乗っていたため、沿道の人々に顔を見られることはありませんでした。六大巡幸が始まってから、天皇は初めてその姿を民衆に見せたのです。

六大巡幸では主に馬車が用いられ、天皇は各地で馬車を停め、幌を上げて顔を見せています。それは、洋装の軍服を着て豊かなひげを生やした、いかにも軍事指導者にふさわしい「男性的」な姿でした。

明治天皇は巡幸に際し、各地の県庁・学校・裁判所・軍事施設・産業施設などを訪問し、巡幸に合わせて電信網が整備されたり、洋風の迎賓館が建てられたり、鉄道が開通したりしました。鉄道の開通式に天皇が出席することもよくありました。

各地の民衆は、あたかも「天皇が新しい文明をもたらした」かのようなイメージで受け止めたことでしょう。そのような、具体的なモノと天皇本人の姿を通したイメージ戦略のほうが、「天皇はアマテラスの子孫である」などという抽象的なイデオロギーよりもずっと効果的でした。福沢諭吉が『学問のすゝめ』で「苟《いやしく》も中人《ちゅうじん》以上の改革者流、或いは開花先生と称する輩は、口を開けば西洋文明の美を称し、一人これを唱うれば万人これに和し、凡《およ》そ智識道徳の教えより治国、経済、衣食住の細事に至るまでも、悉皆《しっかい》西洋の風を慕うてこれに倣わんとせざるものなし。或いは未だ西洋の事情につきその一班〔斑〕をも知らざる者にても、只管《ひたすら》旧物を廃棄してただ新をこれ求むるものの如し」と述べたように、西洋文明に対する抵抗は驚くほど少なかったのです。

沿道での奉迎の仕方も、もはやひざまずく必要はなく、立ったまま敬礼するようになりました。こうした時代の変化を天皇のおかげとしてありがたがる人々もいたのです。

たとえ神道や祭祀について何も知らなくとも、多くの人々は初めて目にする天皇をあたかも「生き神」のごとく迎え、天皇が座った敷物をさすったり、天皇が通った場所の砂利を持ち帰ったりしました。このような「生き神」信仰は、明治中期に国家神道が確立され、学校現場で教育勅語や御真影がイデオロギー装置としての役割を果たすようになってもなお残り、素朴な「現人神」信仰の基盤をなしたと考えています。

以上を〝前提〟としてふまえていただいたうえで、次の第１部に進んでいただければと思います。

第１部では、「昭和天皇と宗教」がテーマとなります。それは、「国家神道」という特異な宗教イデオロギーが日本を支配した時代の物語であり、太平洋戦争の底流にあった、ある種の宗教性に光を当てることになります。そして、昭和天皇と生母・貞明《ていめい》皇后との〝宗教的確執〟が、そこでは大きな意味を持つことになるのです。

第1部

昭和天皇と宗教

昭和8年、靖国神社春季大祭に際して参拝する昭和天皇
©共同

第1章　若き日の昭和天皇

十八歳で踏み出した宮中祭祀の歩み

皇族が成年に達した際に行われる儀式が「成年式」です。天皇・皇太子・皇太孫《そん》（皇太子のいない場合に、皇位を継ぐことになっている天皇の孫）の成年は十八歳（ほかの皇族の成年は二十歳）と、明治の「皇室典範《てんぱん》」に定められ、戦後の皇室典範にも受け継がれています。成年を迎えると、以後は宮中祭祀に出ることが求められます。

十八歳になり、「神」に祈る宗教儀式である宮中祭祀に出るようになったときから、皇太子時代の昭和天皇は本格的に「宗教に向き合い始めた」といえます。〝宮中祭祀デビュー の場〟は、一九一九（大正八）年七月三十日の「明治天皇例祭」でした。

　皇室では、四代前までの天皇の命日に、毎年「〇〇天皇祭」ないし「〇〇天皇例祭」という宮中祭祀が行われます。明治天皇の命日に当たるこの日も、歴代天皇や皇族の霊を祀る宮中三殿の一つである「皇霊殿《こうれいでん》」において、明治天皇例祭が行われたのです。二〇一四（平成二十六）年九月に公開された『昭和天皇実録』同日条には、「綾綺殿《りょうきでん》において御儀服御束帯にお召し替えになり、天皇御代拝、皇后御代拝に続き、皇霊殿に御参進になり、皇霊殿内陣の座において御拝礼になる」とあります。

　一九〇八（明治四十一）年に制定された皇室祭祀令で、宮中祭祀の「大祭」と「小祭」が定められました。明治天皇例祭は重要度の高い「大祭」に当たります。「大祭」においては、天皇自らが祭祀を執り行い、祭文《さいもん》に当たる「御告文《おつげぶみ》」を奏上することが決まりとなっています（皇室祭祀令第八条）。したがって、この日も本来なら大正天皇が祭祀を行うはずでした。しかし、前掲『昭和天皇実録』から明らかなように、大正天皇はこの日の祭祀に出られませんでした。当時、大正天皇の体調はすでに悪化の一途をたどっており、公務も欠席することが多かったのです。

　この明治天皇例祭以後、皇太子裕仁《ひろひと》は、祭祀に出られなくなった大正天皇と入れ替わるように、祝祭日のたびに宮中三殿に通い、祭祀に出ることが多くなっていきます。

じつは、大正天皇は病の悪化以前から、宮中祭祀に熱心ではありませんでした。皇太子時代から旅行を好んだ大正天皇は、即位後も避暑・避寒のために日光や葉山などの御用邸に長期滞在するライフスタイルをつらぬき、滞在中にはしばしば宮中祭祀を欠席しました。つまり、祭祀よりも私的なバカンスの方を優先していたことになります。

そのような宮中祭祀軽視の姿勢には、父親である明治天皇からの影響も考えられます。というのも、明治天皇は日清戦争以後、しだいに宮中祭祀に出なくなり、晩年にはほぼ完全に代拝で済ませていたからです。

そもそも、宮中祭祀の体系が確立されたのは明治以降のことです。それは祭祀を「国体」の根幹とみなす後期水戸学の影響によるものでした。宮中祭祀には、いわば「創られた伝統」としての側面があるわけで、明治天皇にはそのような〝ニセの伝統〟に対する、同時代人としての冷めたまなざしがあったのではないでしょうか。

ところが、いかなる「創られた伝統」も、時間がたつにつれて〝本物の伝統〟らしく見えてきます。一九〇一(明治三十四)年生まれの昭和天皇にとって、宮中祭祀はまさに〝本物の伝統〟でした。

昭和天皇が明治天皇や大正天皇とは異なり、成年直後から宮中祭祀に真面目に取り組んだ理由の一端がここにあります。それだけではありません。皇太子時代に受けた特異な教育もまた、影響を与えていたのです。

昭和天皇が受けた〝宗教教育〟

昭和天皇は、一九一四（大正三）年に学習院初等科を卒業すると、その後は「東宮御学問所《とうぐうおがくもんじょ》」で教育を受けました。

東宮御学問所とは、高輪《たかなわ》の東宮御所（現・高輪皇族邸）にもうけられた、皇太子のための教育機関でした。つまり、皇太子が「将来の天皇」にふさわしい教養を身につけるための、特別な学び舎です。

ただし、個人教育ではなく、五人の学友とともに学ぶ形が採られました。少数とはいえ「学友」が用意されたのは、学習院を中退したのちに個人教育に切り換えたために社会性を十分身につけることがなかった大正天皇の教育を反面教師にしていたからでした。

東宮御学問所では、歴史、地理、国漢文、数学、フランス語など、一般教養に当たる科目も、それぞれ当代一流の学者が講義を行いました。しかし、〝天皇になるための教育〟という面で中核となったのは、教育家の杉浦重剛《すぎうらじゅうごう》が担当した「倫理」と、東洋史学者の白鳥庫吉《しらとりくらきち》が担当した「国史」の二科目でした。

「倫理」といっても、いまの高校で学ぶ「倫理」のように、一般教養としての哲学や思想を学ぶ科目ではありません。教育者で国粋主義者としても知られた杉浦重剛は、自らの講義の方針として、「三種の神器に則り皇道を体し給ふべきこと」をまず挙げ、「神器に託して与へられたる知仁勇三徳の教訓は国を統べ民を治むるに一日も忘るべからざる所にして真に万世不易の大道たり」としました（明治教育史研究会編『杉浦重剛全集』第四巻、杉浦重剛全集刊行会）。このことが示すとおり、将来の天皇として持つべき心構えを教える講義だったのです。

「三種の神器」とは『日本書紀』神代巻に出てくる八咫鏡《やたのかがみ》・草薙剣《くさなぎのつるぎ》・八尺瓊勾玉《やさかにのまがたま》のことで、とりわけ国定教科書の南北朝並立の見解をめぐって起こった「南北朝正閏問題」を機に南朝正統論が確定した一九一一（明治四十四）年以降、「万世一系の皇統」を担保する神聖な存在になりました。この「三種の神器」を、杉浦重剛は講義の中でひときわ重視しました。

ちなみに八咫鏡の本体は伊勢神宮の内宮（皇大神宮）、形代《かたしろ》（分身）は宮中三殿の賢所に、草薙剣の本体は熱田神宮、形代は皇居の御所に、八尺瓊勾玉は草薙剣の形代とともに皇居の御所に、それぞれ安置されています。

白鳥庫吉が担当した「国史」の講義も、一般の「日本史」とは異なり、徹底して天皇中心の歴史を教えるものでした。神武から明治に至る歴代天皇の「聖徳」が強調された内容だったのです。

白鳥の意向で、学習の一環としての地方行啓もしばしば行われました。皇太子は五人の学友とともに、伊勢神宮はもとより、歴代天皇を祀る神社、アマテラスの孫のニニギ（瓊々杵尊）の陵（可愛山陵《えのみささぎ》）やニニギの子のヒコホホデミ（彦火火出見尊）の陵（高屋山上陵《たかやのやまのえのみささぎ》）、神武天皇陵をはじめとする数多くの天皇陵、さらには佐渡や隠岐《おき》に流された天皇の「火葬塚」までも訪ね、参拝しています。

こうした行啓は、皇太子裕仁にとって、自らが「万世一系ノ天皇」の子孫であり、やがて第百二十四代の天皇となる身であることを意識させる効果があったでしょう。そのことが、成年後の宮中祭祀に向かう熱心な姿勢にもつながっていたのです。

以上のように、皇太子裕仁が東宮御学問所で受けた「倫理」「国史」教育には、〝将来の天皇としての宗教教育〟としての側面が色濃くありました。

ただし、それらはあくまで知識としての宗教教育であって、心からの信仰心をもって宮中祭祀に当たれるかどうかというのは、また次元の異なる話だと思います。「宗教教育を受けること」と「信仰を持つこと」は、当然ながら、似て非なるものです。そして、成年直後の皇太子裕仁が心から神を信じて宮中祭祀に臨んでいたかというと、必ずしもそうではありませんでした。

そのことに関連して紹介しておきたいのは、昭和天皇の四歳下の実弟である高松宮《たかまつのみや》（宣仁《のぶひと》親王）が、一九三六（昭和十二）年一月十七日の日記の中で、形式化した宮中祭祀に対する違和感を表明した次のようなくだりです。

《成年になつて始めて宗教的な宮中の祭典に出るのであるが、ソレがまた神事を人事の如くに扱ふ式の参拝で、そこに矛盾を感じても、アセツても何んともならないのである。（中略）而して成年になると、常に急に賢所の御式にも出ることになる。唯物的学校教育ノみをうけた、精神的にはやはり科学的な修身と云ふよりも単なる形式的な道徳教育のみをうけたものにとつて、藪から棒の出来事である。

宮中の現に私達の参列する神事は極めて形式的ナ単なる一時的な敬礼の瞬間にすぎない。そして、皇族たるものが、神道に対する理解、むしろ信仰は動作行為の根底にならなくてはならぬことを顧みるとき、実に残念に思ふのである》（『高松宮日記』第二巻、中央公論社）

成年に達して初めて宮中祭祀に出ても、急に信仰心など生まれるものだろうか……、と、高松宮は疑問を投げかけているのです。

もちろん、高松宮が成年まで学習院と海軍兵学校で「唯物的学校教育」だけを受けてきたのに対し、皇太子裕仁は「東宮御学問所」で倫理や国史の教育を受け、天皇陵などを参拝していますから、高松宮に比べれば素地ができていたといえます。それでも本質的には、皇太子裕仁は宮中祭祀に対して、高松宮とよく似た戸惑いを感じていた面があると思います。

同じく宮中祭祀に出るとは言っても、宮中三殿南側の幄舎《あくしゃ》に控えていればよい高松宮に対し、皇太子裕仁は天皇同様、宮中三殿に上がり、皇祖皇宗に向かってしっかりと拝礼をしなければなりませんでした。また、成年になった男性皇族は新嘗祭にも出席しますが、その際、皇太子は天皇が神嘉殿《しんかでん》の正殿で新嘗祭を行う間、隣接する隔殿に控えていなければなりません。

新嘗祭は、夕方から未明までかかる重要な祭祀です。「夕《よい》の儀」と「暁の儀」の二部に分かれていて、それぞれ約二時間、計四時間ほどかかる儀式の多くの時間を、天皇は正座したままでいなければならないのです。

そのような肉体的労苦も伴う「実践」は、根本に篤《あつ》い信仰心があってこそできるものでしょう。「アマテラスとはこういう神で……」などと知識として知っていることと、心からアマテラスを尊崇して祈ることの間には、当然ながら大きな懸隔《けんかく》があります。

成年直後の皇太子裕仁には、知識はあっても根本の信仰心はまだなかったと思います。このことは皮肉にも、のちに母である貞明皇后が強固な信仰心を持つようになることによって、逆に浮き彫りにされていきます。

そして、次項で述べるヨーロッパ訪問によって、皇太子裕仁は神道に対する信仰を確立させないうちに、カトリックという異なる信仰と出合うことになるのです。

欧州歴訪でカトリックに出合う

成年に達し、宮中祭祀に出るようになった皇太子裕仁ですが、その二年後、半年間にわたって、祭祀に出る機会が途絶えます。一九二一（大正十）年の三月から九月にかけて、ヨーロッパ五カ国（イギリス・フランス・ベルギー・オランダ・イタリア）を歴訪する旅に出発したからです。

東宮御学問所の修了式が行われたのが、同年二月二十八日。つまり、この欧州訪問は、一面では「卒業旅行」のような性格を持っていました。とはいえ、単なるバケーションであったはずはなく、重大な意図を帯びていました。

その一つは、君主制が次々に崩壊した第一次世界大戦後のヨーロッパで、そうした波を免れることができた英国王室のありようを皇太子が実地に学ぶことによって、二十世紀にふさわしい新しい皇室の姿を模索しようとの意図でした。このため、五カ国のうち、皇太子裕仁はイギリスに最も長く滞在しました。

もう一つは、当時、あまりに寡黙な性格が政府関係者の間で問題視されていた皇太子を、外遊経験を通じて開放的にしようという教育的意図です。

成年式のあとで催された祝賀の宴の席で、皇太子裕仁は一言も話さず、出席者が話しかけても応答もしないという状態であったといいます。宴に参加した元老・山県有朋《やまがたありとも》がその様子を見て、「恰《あたか》も石地蔵の如き御態度」と非難したというのは有名な話です。そして、皇太子裕仁の欧州歴訪を発案したのも、山県であったとされています。元老・松方正義《まつかたまさよし》や西園寺公望《さいおんじきんもち》、さらには当時の原敬《はらたかし》首相も賛意を示しました。

一方では、大正天皇の体調が悪化するなか、皇太子が長期にわたって外遊することを「不敬」と見做して反対する声もありました。実母である貞明皇后も、天皇の病気や外遊先での皇太子の身の安全への憂慮などを理由に、当初は反対だったのです。ただし、皇后は「(訪欧が)政事上必要とあれば、政事上の事は干渉せざる積《つもり》なり」(『原敬日記』第五巻、福村出版)として、皇太子の欧州訪問を承諾します。

かくして、皇太子裕仁は半年間にわたる欧州歴訪の旅に出発しました。この外遊は、昭和天皇が宗教に向き合う姿勢を考えるうえで、重大な意味を持っていたと私は考えています。

裕仁は、英国王室を日本の皇室が目指すべき一つのモデルとして捉えていました。その意味では英国王室との交流、とくに国王ジョージ五世との会見から学んだことも多かったでしょう。帰国後に女官制度の改革に強い意欲を見せたところに、英国王室からの影響を読みとることもできます。

　しかし、こと宗教観に関しては、欧州滞在の最後にヴァチカンのローマ法王庁を訪問し、当時のローマ法王（教皇）ベネディクト十五世と会見したことが、非常に大きな影響を与えたと考えられます。

　ローマ法王と皇太子裕仁の会見は、一九二一（大正十）年七月十五日の出来事です。会見の様子は、『昭和天皇実録』同日条でもくわしく記されています。

　それによると、法王は席上、一九（大正八）年三月に日本の植民地であった朝鮮で起きた「三・一独立運動」に際し、カトリック教徒が運動に関与しなかったことを引き合いに出しながら、次のように述べています。

《カトリックの教理は確立した国体・政体の変更を許さないことによりこの結果を見たのであり、従って教徒の国家観念に対しては何ら懸念の必要はないことを述べ、更にカトリック教会は世界の平和維持・秩序保持のため各般の過激思想に対し奮闘しつつある最大の有力団体であり、将来日本帝国とカトリック教会と提携して進むこともたびたびあるべし等と述べられる》

平たくいえば、「たとえ日本がカトリック国になったとしても、天皇制は微動だにしないですよ」と、法王は説いたわけです。当時六十六歳のローマ法王が、二十歳になったばかりの日本の皇太子に対して、あたかも熱心にカトリックを売り込んでいるかのような趣さえ感じられます。

皇太子裕仁は、それまで日本国内でキリスト教徒と接したことがなかったわけではありません。幼少期には、野口幽香《のぐちゆか》や足立《あだち》タカといった、キリスト教徒ないしはキリスト教から強い影響を受けた女性と接しています。とくに、足立タカは裕仁の「養育掛《がかり》」（保母）であったため、付きっきりで接していた時期もあるのです。

そうした背景があったとはいえ、カトリックとプロテスタントの違いは訪欧に際して初めて知ったとされていますし、裕仁は訪欧で〝生《なま》のキリスト教〟に本格的に触れたと捉えてもよいでしょう。

ましてや、カトリックの総本山・ヴァチカンの総師に直接面会したのですから、このときのやりとりは強烈な印象を与えたに違いありません。会見で、カトリックが日本の「国体」に〝手を突っ込んでくる〟危険はないこと、また、社会主義等の「過激思想」に対抗し得る「平和勢力」であることが、裕仁の心に刻みつけられたことでしょう。

第3章でくわしく述べますが、昭和天皇は敗戦後の占領期に、キリスト教、とくにカトリックにかなり接近しました。そのきっかけとなったのが、若き日のヨーロッパ歴訪であり、なかんずくローマ法王との会見であったのです。

宮中祭祀をめぐる母との確執

皇太子裕仁がヨーロッパから帰国したのは、一九二一（大正十）年九月三日のこと。同年十一月二十五日には、大正天皇が病気のため事実上〝引退〟し、裕仁は「摂政《せっしょう》」に就任します。つまり、天皇としての公務を代理で引き受ける立場になったのです。

摂政となった裕仁は、同年十二月には「霞関離宮《かすみがせきりきゅう》」を東宮仮御所と定め、そこでの生活を始めました。霞関離宮は、いまの国会議事堂前庭に当たる場所に建っていた洋館です（二三年の関東大震災で崩壊）。

洋館での生活が始まったのを機に、裕仁は生活を完全な洋風に改めました。洋服しか着ないで、ベッドで眠り、テーブルで執務をし、洋食を食べるという生活です。半年間の欧州歴訪によって、ライフスタイルも完全に西洋風に変わってしまいました。

それに伴い、正座は一切しなくなりました。西洋風の生活は、母・貞明皇后との大きな確執につながります。すでに述べたとおり、新嘗祭では長時間にわたる正座を強いられるなど、宮中祭祀に正座はつきものだからです。皇后から見れば、皇太子が正座をしない生活に変わったことは、宮中祭祀の軽視として受け止められるゆゆしき変化であったのです。

このことに関連して、皇后の逆鱗《げきりん》に触れる出来事が欧州歴訪の翌年――一九二二（大正十二）年に起こります。十一月二十三日の新嘗祭を、裕仁は行わなかったのです。裕仁が摂政になって自ら行うべき初の新嘗祭ですから、常にも増して重要な宮中祭祀であるはずでした。

毎年十一月には、天皇が大元帥として統監する「陸軍特別大演習」が全国の道府県持ち回りで行われていました。この年には香川県で行われた大演習を、裕仁は大正天皇に代わって統監しています。しかし、大演習は十一月十九日に終わるので、その後すぐに帰京すれば、新嘗祭を行うことができたはずです。じっさい、そのようにスケジュールが組まれていたのです。

にもかかわらず、裕仁は大演習の後に愛媛・高知・徳島・和歌山各県や淡路島を視察して回ります。新嘗祭当日は、かつての同級生で旧松山藩主・久松《ひさまつ》家の当主であった松山の久松定謨《さだこと》の別邸で一日を過ごしました。その別邸は、定謨がわざわざ迎賓館として建てた洋館で、現在は「萬翠荘《ばんすいそう》」という観光名所として一般公開されています。

久松別邸で、裕仁は定謨らとビリヤードや将棋などに興じていたと、『昭和天皇実録』に記述があります。よりによって、新嘗祭をすっぽかして遊んでいたわけです。なぜ裕仁がそのような行動に出たのかは、謎です。もしかしたら、〝口うるさい母親に対する、若き息子の反抗〟であったのかもしれません。

新嘗祭を行わなかった裕仁がビリヤードに興じていたことが伝わると、貞明皇后は激怒し、宮中に激震が走ったことでしょう。しかも、裕仁は帰京するや、行啓中に感染したらしい麻疹《はしか》にかかって高熱を発し、宮中祭祀を全く行えないまま、ないしは出られないまま年を越す羽目になります。

二三（大正十二）年になると、裕仁の体調は回復するものの、こんどは皇族の死が相次いだのです。貞明皇后が、そのことを宮中祭祀をおろそかにした「神罰」として受け止めたとしても、不思議ではないでしょう。

同年五月、裕仁が天皇・皇后を葉山御用邸に訪ねて会った際、婚約していた久邇宮良子《くにのみやながこ》との婚礼についてお伺いを立てると、皇后は「但《ただ》し新嘗祭を御親祭の後式事御挙行の事」

と述べたと、宮内大臣であった牧野《まきの》伸顕《のぶあき》が日記に書き留めています（『牧野伸顕日記』中央公論社）。要するに、「新嘗祭をちゃんとできなければ、結婚を認めない」と条件を突きつけたわけです。

その後すぐに、裕仁は新嘗祭の儀式の「習礼」――練習を始めています。十一月の本番まで半年もあったにもかかわらず、それくらい前から練習を始めないと、長時間の正座を含む祭祀がきちんとできないと判断したのでしょう。前年に新嘗祭をすっぽかしてビリヤードに興じていたのとは、対照的な態度です。

一連の経緯から伝わってくるのは、宮中祭祀に対して裕仁の中にはなお葛藤があったこと、そして、宮中祭祀を重んじる貞明皇后との間に、複雑な確執があったことです。その確執は、太平洋戦争中にはさらに重い雲となって皇室を覆うことになります。

「昭和天皇と宗教」というテーマを考えようとするとき、母・貞明皇后からの影響は、避けて通れない大きな要素です。なぜなら、貞明皇后という女性は、昭和天皇よりもはるかに宗教的なパーソナリティの持ち主であったからです。

「神ながらの道」を追求した母・貞明皇后

さきに、「大正天皇は宮中祭祀をあまり重視していなかったと考えられる」と書きました。そのパートナーであった貞明皇后も、皇后となった当初は宮中祭祀を「創られた伝統」と見做し、あまり熱心でなかったようです。それよりは、幼少期から慣れ親しんできた法華経巻八の観音経（観世音菩薩普門品第二十五）の方が、はるかに大事だったに違いありません。

しかし、いくつかの契機を経て、貞明皇后は祭祀に対する認識を改め、重視するようになっていきます。いわば「神に目覚めた」のです。

その最も大きな契機となったのが、一九一四（大正三）年頃から症状が現れ始めた大正天皇の病気でした。その病気の真相についてはいまだによくわかっていませんが、脳の病気だったことは間違いないようです。貞明皇后はおそらく、〝大正天皇が脳病に侵《おか》されたのは、天皇と自分が宮中祭祀をおろそかにしたことで神罰が下ったのではないか〟と悩んだのでしょう。

というのも、皇后はちょうどこの時期から、ある人物の著作に傾倒するようになるからです。その人物とは、神道家の筧克彦《かけいかつひこ》です。

筧克彦は、東京帝国大学教授も務めた法学者ですが、一方では神道家としての顔を持っていた人物です。彼は一九一二（大正元）年に『古神道《こしんとう》大義』（清水書店）、一四年に『続古神道大義』（同）という古神道解説の著作を刊行しています。大正天皇の病に苦悩していた貞明皇后は、それらの著作を読んで感銘を受け、筧の説く「神《かむ》ながらの道」にのめり込んでいくのです。

貞明皇后はのちに、筧克彦から直接「神ながらの道」についての講義を受けるようになりました。二四（大正十三）年のことです。この年に皇后が詠んだ和歌に、次のようなものがあります。

《神ながら開けし道の奥遠み　ふみそめしより十年へにけり》（筧克彦『大正の皇后宮御歌謹釋』筧克彦博士著作刊行会）

この歌は、貞明皇后が筧のためにわざわざ詠んだものだと、筧自身が著作で述べています。見てのとおり、〝自分が「神ながらの道」を歩み始めたのは一九一四年ごろからだ〟と、貞明皇后自らが明かした歌になっています。

貞明皇后への講義をまとめた『神ながらの道』という著作は、神道のテキストとしてはかなりユニークなものです。神道は本来、経典も教祖も持たない特異な宗教ですが、この著作はあえて〝神道の経典化〟を目指したような内容になっています。そして、理論のみならず図も多用され、さらには「神ながら皇国運動《やまとばたらき》」という、筧が発案した一種の体操のようなものまでが組み込まれています。つまり、神道を「身体化」するための実践テキストとしての性格も持っているのです。

筧の思想に傾倒した貞明皇后は、直接講義を受けるばかりか、「神ながら皇国運動」も自ら実践するようになりました。周囲の女官や侍医にも、この奇妙な体操を勧めたといいます。

貞明皇后が筧克彦の思想に心酔したのはなぜでしょうか？　筧の著作を読むと、その理由が推察できます。

筧の神道解釈には、儒教や仏教などにしばしば見られる男尊女卑《だんそんじょひ》的な発想がありません。それどころか、むしろ女性礼賛的な側面もあるのです。たとえば、『古神道大義』には次のような一節があります。

《女性とても其性格意思を認められ居ることは天照大御神の女神なるを見ても分かる。よしや天照大御神を女神でないとした所で女が男に盲従すべきものと定まれることは見へぬのである》

「よしや天照大御神を女神でないとした所で」というのは、アマテラスを男神とする説があったことを踏まえています。しかし、たとえそうだとしても、女が男に盲従すべきものとは記紀神話のどこにも書かれていないとしているわけです。このような箇所を見て、貞明皇后は強く勇気づけられたのではないでしょうか。

自分や家族の病気が信仰心を持つ契機となるのは一般にもよくあることですが、貞明皇后もまた、大正天皇の発病によって新たな信仰心に目覚めたと推察できます。その触媒となったのが、筧克彦の「神ながらの道」という思想だったのでしょう。

一九二三(大正十二)年九月一日に起きた「関東大震災」に際して、貞明皇后は次の和歌を詠んでいます。

《上下もこゝろ一つにつゝしみて　神のいさめをかしこまんかな》（『貞明皇后御集』中、宮内庁書陵部）

ここで皇后は、震災を「神のいさめ」、すなわち神罰ととらえています。皇后にとって関東大震災は、この翌年に皇后が筧克彦から直接の講義を受け、いっそう「神ながらの道」に精進することを決意する一つのきっかけになったと思われます。

それよりも前、二一（大正十）年三月から九月にかけての皇太子裕仁の訪欧もまた、貞明皇后の信仰心を強化する一つの契機となりました。大正天皇が病気によって宮中祭祀を行えないなか、皇太子が半年間にわたって国を空けたことで、皇后が単独で宮中祭祀に出る機会が増えたからです。そのことが、皇室における皇后の存在感を高めることにもつながりました。

宮中祭祀で、皇后は大正天皇の快復を祈り、皇太子の外遊先での無事安全を祈ったのでしょう。そこまでにとどまっていれば、たんに信心深い皇后であるというだけのことで、何も問題はありませんでした。

しかし、貞明皇后の信仰心は、やがて皇室のなかに深刻な確執を生み出すようになっていきます。自らを古代の神功皇后や光明皇后と重ね合わせ、昭和天皇の奥に控えながら隠然と権力を振るう存在になっていったからです。

神功皇后との「一体化」を夢見た貞明皇后

一九二二（大正十一）年三月、貞明皇后は大正天皇の平癒祈願のため、九州や近畿を訪問し、福岡県の香椎宮《かしいぐう》、筥崎宮《はこざきぐう》、太宰府《だざいふ》神社（現・太宰府天満宮《てんまんぐう》）や大阪府の住吉神社（現・住吉大社）などを参拝しました。皇后の九州行啓は「神功皇后以来の画期的出来事」として、当時新聞でも大々的に報じられました。

なかでも注目すべきは、神功皇后を主祭神とする香椎宮を、春季皇霊祭に当たる三月二十一日に参拝したことでした。当時の『九州日報』の報道によれば、香椎宮を参拝した際、皇后の黙禱は一五分間に及んだといいます。

のちに皇后は、この参拝のときの心境を、「香椎宮を拝《お》ろがみて」と題した二首の和歌に詠んでいます。そのうち一首は次のようなものでした。

《大みたま吾が身に下り宿りまし　尽すまことをおしひろめませ》（前掲『大正の皇后宮御歌謹釋』）

香椎宮にまつられた神功皇后の霊が我が身に入りきて、神秘的な一体化をみたかのような心境が詠まれているわけです。

神功皇后とは、『古事記』や『日本書紀』などに登場する仲哀《ちゅうあい》天皇の皇后です。『日本書紀』によれば、夫・仲哀天皇は神の教えに従わなかったがゆえに香椎宮で熊襲《くまそ》の矢を受けて急死しました。その後、神功皇后が亡き夫に代わって熊襲を討伐。さらに、神功皇后は神託により、お腹に子ども（のちの応神《おうじん》天皇）を宿したまま朝鮮半島に出兵し、いわゆる「三韓征伐《さんかんせいばつ》」（新羅《しらぎ》を降伏させ、百済《くだら》、高句麗《こうくり》も相次いで日本の支配下に入った）を成し遂げたとされます。

プロローグで記したように、神功皇后は大正末期まで、天皇にカウントすべきか否かが確定しませんでした。皇后である以上、天皇でないのは自明のようにも見えますが、『日本書紀』では破格の活躍をしたせいか、天皇と同格の扱いになっています。古代から中世にかけての歴史書の多くも天皇としていますし、日蓮《にちれん》も『神国王御書』で第十五代の天皇と見なしています。にもかかわらず天皇でないとしたのは、江戸時代に編纂された『大日本史』からの影響を見ることができます。

もちろん現在からみれば伝説上の人物であり、「三韓征伐」も史実ではありません。しかし、明治から昭和初期にかけては、神功皇后は神武天皇やヤマトタケル（日本武尊）などと同様、学校教育の場で実在の人物として教えられていました。貞明皇后もまた明らかに実在の皇后として神功皇后を捉えています。

のみならず、神の教えに従わなかったがゆえに急死したとされる仲哀天皇と、宮中祭祀をおろそかにしたがゆえに神罰で病に侵された（と皇后が信じた）大正天皇が、皇后の心の中では二重写しになっていたようにも思えるのです。

貞明皇后が一体化を夢見た過去の皇后は、神功皇后だけではありません。もう一人、光明皇后もその対象となりました。

光明皇后は、奈良時代の聖武《しょうむ》天皇の后です。仏教に篤《あつ》く帰依《きえ》し、貧しい民に施しをするための「悲田院《ひでんいん》」や医療施設の「施薬院《せやくいん》」といった、いまでいう福祉施設を設置して慈善活動を熱心に行いました。ハンセン病患者の傷の膿《うみ》をなめたという伝説もあり、「武」のイメージが強い神功皇后とは正反対の、「慈母《じぼ》」的イメージの強い皇后です。神功皇后と光明皇后は、日本史における皇后像の〝二つの原型〟ともいうべき存在なのです。

過去の偉大な皇后に、貞明皇后が自らを重ね合わせたのはなぜか？　そう考えるときに思い起こされるのが、民俗学者の折口信夫《おりくちしのぶ》が敗戦後間もない一九四六（昭和二十一）年に著した「女帝考」という論考です。

折口は沖縄での現地調査などをふまえ、神と天皇の中間に「ナカツスメラミコト（中天皇、中皇命）」と呼ばれる「血縁近い皇族の女性」がいるという説を唱えました。ナカツスメラミコトは「仲介者なる聖者」であり、「中立《なかだ》ちして神意を伝える非常に尊い聖語伝達者」である、と……。

折口自身はナカツスメラミコトの実例として神功皇后を挙げていますが、貞明皇后もまた、大正天皇が引退させられた一九二一（大正十）年以降、ナカツスメラミコトへと近づいていったように思えます。

天皇は、「万世一系」イデオロギーの中で、アマテラスや神武以来の歴代天皇と「血脈」でつながっています。そのつながりは、天皇自身が何ら努力しなくも、生まれながらにして保証されているわけです。

一方、皇后はそうした血脈のつながりの外側から嫁いできます。だからこそ、女神とされるアマテラスや過去の偉大な皇后と一体化したいという衝動が、天皇よりもいっそう強くなるのではないでしょうか。とりわけ貞明皇后はシャーマン的資質の強い女性であり、昭和天皇を上回る宗教的資質の持ち主でした。

「必ズ神罰アルベシ」

一九二六（大正十五）年十二月二十五日、大正天皇は葉山御用邸で死去し、裕仁はただちに皇位を継承。貞明皇后は皇太后となり、元号は「昭和」に改められました。

もっとも、大正天皇の晩年――裕仁が摂政に就任した二一（大正十）年十一月二十五日からの五年あまりは、実質的には裕仁が天皇の役割を果たしていて、大正天皇が一般国民の目に触れることはありませんでした。したがって裕仁の摂政就任を〝事実上の昭和の始まり〟と捉えることもできます。

裕仁は天皇になるや、摂政時代から続けてきた女官《にょかん》制度の改革にまず取り組みました。女官は既婚の女性でもよいとし、通勤制度を取り入れ、前近代的な側室制度を名実ともになくしたのです。明治天皇と皇后美子《はるこ》（昭憲皇太后）の間には子どもが生まれず、子どもたちは後の大正天皇も含め、全員が側室との間の子でした。そのことを考えれば、近代社会に即した意義ある改革だったといえます。

では、宮中祭祀への取り組みは、天皇になってどう変わったでしょうか？

まず、祭祀への出席回数は摂政時代よりも増えました。

毎月一日、十一日、二十一日に宮中三殿で行われる祭祀を「旬祭《しゅんさい》」といいます。このうち、従来は天皇が出席するのは一日のみでした。それを、昭和天皇は十一日、二十一日の旬祭にも出席するようになりました。

年にならせば、二四回も旬祭への出席が増えたことになります。また摂政時代には天皇の専権事項とされ、一度も行えなかった一月一日の四方拝も、新たに行うようになりました。

しかしその一方で、葉山御用邸や那須御用邸に皇后と滞在していたとき、明治天皇例祭や春季皇霊祭など、「大祭」に当たる重要な宮中祭祀を天皇が欠席することも、ままあったのです。その背景には、昭和天皇の生物学研究への関心が高まり、御用邸周辺でのヒドロ虫類や変形菌類、植物などの採集に夢中になっていたという事情がありました。

宮中祭祀への参加回数こそ増えたものの、ややもすれば公務より研究を優先させようとする昭和天皇のふるまいは、軍の一部から不評を買ったほか、皇太后節子《さだこ》（貞明皇后）からもまだ信仰が足りないと映ったようです。枢密院《すうみついん》（天皇の諮問《しもん》機関）議長であった倉富勇三郎《くらとみゆうざぶろう》は、当時の日記の中で、元老・西園寺公望からの伝聞の形で、皇太后が西園寺に語った言葉を記録しています。

《皇太后陛下ハ右ノ如キ形式的ノ敬神ニテハ不可ナリ、真実神ヲ敬セザレバ必ズ神罰アルベシト云ハレ居リ》（「倉富勇三郎日記」一九二八年十月二十日条、国立国会図書館憲政資料室所蔵）

皇太后は、〝宮中祭祀とは形式だけ整えて、ただやればよいというものではない。心から神を敬う気持ちで行わなければ、必ず神罰が下るだろう〟と、息子である昭和天皇の姿勢を厳しく批判していたのです。

そのことで思い出されるのは、昭和天皇の皇太子時代の訪欧に同行した東宮武官長・奈良《なら》武次《たけじ》が、帰国後に皇太子裕仁が漏らした感想を、次のように書き留めていたことです。

《理性に富ませらるゝ殿下は皇室の祖先が真に神であり、現在の天皇が現人神であるとは信ぜられざる如く、国体は国体として現状を維持すべきも、天皇が神として国民と全く遊離し居るは過ぎたることゝ考へ居らるゝが如く》(『侍従武官長　奈良武次日記・回顧録』第四巻、柏書房)

皇室の祖先が神であり、天皇が現人神だというのはフィクションであって、理性が邪魔をして心から信じることはできない――そう受け止められるような発言を、訪欧を終えたころの裕仁が、ふと口にしたということでしょう。

この言葉をふまえて考えれば、昭和天皇が――おそらくは多分に皇太后の目を意識して――即位後に宮中祭祀の出席数を増やしたものの、重要とされる「大祭」よりも生物学研究の方を優先させた心理が、よくわかる気がします。そして、形式だけは整えたものの「敬神」の思いが乏しいことを、母である皇太后は見抜いていたのです。

天皇を通じた「国体」の視覚化

ただし、「昭和天皇は宮中祭祀に出ないこともあった」というのは、いわば「お濠《ほり》の内側」の話です。昭和初期になると、天皇が宮中祭祀に出たときには新聞で大きく報じられるようになりましたが、「お濠の外側」にいる当時の一般国民にとっては、天皇が祭祀に出ようが出まいが、直接には関係のない話でした。

では、一般国民から見た（摂政時代を含む）昭和天皇とは、どのような存在であったのでしょう？

一言で言うなら、東京をはじめとする全国各地で摂政や天皇と臣民が一体となる大がかりな「国体」の視覚化がなされていったのが、大正後期から昭和初期にかけてであったということになると思います。

「国体」という言葉を一つのイデオロギーにまで高めたのは、幕末の水戸学者・会沢正志《あいざわせいし》斎《さい》でした。会沢は一八二五（文政八）年に成った『新論』という著作で、天皇こそが「国体」の中核であると捉え、天皇が祭祀を行うことの重要性を強調しました。

一九二五（大正十四）年成立の「治安維持法」では、その第一条に「国体ヲ変革シ又ハ私有財産制度ヲ否認スルコトヲ目的トシテ結社ヲ組織シ又ハ情ヲ知リテ之ニ加入シタル者ハ十年以下ノ懲役又ハ禁錮《きんこ》ニ処ス」とあるように、初めて「国体」が法律用語として登場しました。この条文は一九二八（昭和三）年に改正されて最高刑が死刑になりましたが、大審院《だいしんいん》（大日本帝国憲法下における最上級裁判所）が一九二九（昭和四）年五月三日に下した判決では、「国体」について「我《わが》帝国ハ万世一系ノ天皇君臨シ統治権を総攬《そうらん》シ給フコトヲ以《もっ》テソノ国体ト為《な》シ」と定義されました。

まさに「万世一系ノ天皇」こそが「国体」の中核であって、昭和初期の日本では、ひとたび「国体」の変革を企てていると判断されれば、国家権力によって命を奪われる危険もあったのです。

とはいえ、「国体」とは天皇が何をどうすることなのかと考えると、これはなかなか定義が難しい。大審院判決の定義を見れば、天皇が統治権を総攬することが「国体」の条件であるように思えます。しかし一方、一九四五（昭和二十）年八月十五日の「玉音放送《ぎょくおんほうそう》」で天皇自身が語ったように、敗戦後も「国体ヲ護持シ得」たのだとすれば、天皇が統治権の総攬者でなくなっても「国体」は残ることになります。

文部省が一九三七（昭和十二）年に刊行した『国体の本義』という本があります。当時の学者たちを結集して編纂されたもので、タイトルのとおり、「国体とは何か？」を明らかにしようとした書物でした。にもかかわらず、その冒頭には「我が国体は宏大深遠であつて、本書の叙述がよくその真義を尽くし得ないことを懼《おそ》れる」とあります。つまり、国体の明快な定義は困難であることを、当の文部省さえも認めていたわけです。

しかし、「国体」の言説化は難しくても、「国体」の視覚化はできました。それが現実のものになるのは大正後期からでしたが、「プロローグ」で述べた明治初期の「六大巡幸」以降、政府は度重なる巡幸や行幸を通して、天皇を主体とする「視覚的支配」と呼ぶべき支配を全国各地で確立させようとしました。巡幸は天皇が複数の箇所を、行幸は天皇が一箇所を訪れることを意味します。

明治中期以降、天皇の行幸はほぼ軍事的なものに限られるようになり、地方視察をしなくなります。交通手段も、馬車から鉄道に変わり、天皇の乗る御召《おめし》列車が走る沿線では、直接天皇の身体が見えない列車に向かって人々が最敬礼するようになります。江戸時代の大名行列などで沿道の人々が駕籠に向かって跪《ひざまず》くのと似たような光景が見られるようになるわけで、これもまた視覚的支配の一種と呼ぶことができます。

大正天皇もまたこうした視覚的支配を受け継ぎましたが、天皇の体調の悪化に伴い、大きな転換が図られるようになります。一九二一（大正十）年の皇太子裕仁の訪欧を機に、天皇の代わりに若くて健康な皇太子の身体を大々的に見せる戦略がとられるからです。

皇太子は同年九月に帰国し、九月八日に東京の日比谷公園で、九月十三日に京都の平安神宮大極殿で、それぞれ「市民奉祝会」が開かれました。いずれの奉祝会にも三万人を超える市民が集まり、皇太子が「令旨《りょうじ》」と呼ばれる文書を読み上げると、市民の間から万歳の叫び声が起こりました。東京市助役の永田秀次郎は、この光景を目のあたりにして「斯の如くにして我国体《わがこくたい》の精華《せいか》は我々民族の脳中に光風霽月《こうふうせいげつ》の如くに清朗《せいろう》なるものとなった」（『平易なる皇室論』敬文館）と述べています。

永田が述べたとおり、これ以降、「国体」は目に見えるものになりました。より具体的にいえば、皇太子や天皇が積極的に地方視察を行うとともに、万単位の臣民と会うことのできる「君民一体」の空間が、東京や京都ばかりか植民地を含む全国各地の練兵場や運動場、飛行場などの「空き地」に設定され、親閲式《しんえつしき》や奉迎会などの新しい儀礼が行われるようになったのです。

江戸時代の大名行列や明治後期以降の行幸では、駕籠や御召列車を見るだけで、人々は反射的に土下座や最敬礼という静かな受け身の姿勢をとるように強制されました。それに対して裕仁の地方視察では、迎える人々の側が裕仁の視線を意識しつつ、君が代や奉迎歌の斉唱、分列式、万歳三唱など、積極的に下からの「奉仕」を行うようになったのです。

そこには「君民一体」の空間が現出します。そして、その一体感こそが、言説化できない「国体」の〝尊さ〟を、人々にまざまざと実感させたに違いありません。それは、一九二一（大正十）年から事実上の天皇となった裕仁の時代になって編み出された、「国体」を視覚化するための新たな手法であったのです。

しかも、裕仁のそうした姿はしばしば、新聞の一面を飾ったり、活動写真やニュース映画の題材になったりしました。大正天皇の引退と入れ替わるようにして「見える天皇」となり、民衆が天皇の存在を日常的に意識しやすくなったのです。

そして、そのような「君民一体」の空間として大々的に活用されていったのが、東京の宮城（現・皇居）前広場でした。

宮城前広場が活用される一つの契機となったのは、一九二三（大正十二）年九月一日の関東大震災でした。約三〇万人もの罹災者《りさいしゃ》が避難してきたことで、図らずも広場としての収容能力を証明したのです。

翌二四（大正十三）年六月には、皇太子の裕仁と久邇宮良子《くにのみやながこ》（香淳皇后）の「成婚奉祝会」が、東京市の主催によってこの広場で開催されました。二人の結婚は関東大震災の発生によって翌年に延期されたものの、成婚奉祝会では広場に仮宮殿が設けられ、夜にはサーチライトが点灯されるなど、奉祝ムードが盛り上がりました。

昭和初期には、大規模な親閲式や観兵式、「紀元二千六百年式典」（一九四〇年十一月十日）などの記念式典が、宮城前広場でしばしば行われました。親閲式では、十万を超える学生生徒や青年団員、在郷軍人らが台座に立つ天皇のすぐ前を分列行進し、「かしら（頭）、右！」の合図とともに一斉に天皇のほうに顔を向け、一人ひとりが天皇と一体になる感覚を味わいました。

三七（昭和十二）年に日中戦争が勃発して天皇の地方視察ができなくなってからは、ほぼ宮城前広場だけが、天皇が万単位の臣民と相対する政治空間となりました。日中戦争における武漢三鎮《ぶかんさんちん》占領（一九三八年十月）や太平洋戦争におけるシンガポール陥落（一九四二年二月）に際しては、天皇は白馬に乗って二重橋（正門鉄橋）に姿を現すという、かつてないパフォーマンスを行いました。

それを目の当たりにした人々にとって、二重橋という高みに立ち、白馬の上から答礼

（敬礼に応える礼）する天皇は、まさしく「現人神」のように映ったことでしょう。明治や大正にもなかった形で、神格化した天皇像が作られていったのです。

「君民一体」の空間と二・二六事件

宮城前広場に現れた「君民一体」の空間は、じつは二・二六事件にも少なからぬ影響を与えています。

二・二六事件は、いうまでもなく、一九三六（昭和十一）年二月二十六日未明に起きた軍事クーデターです。

陸軍「皇道派」の青年将校らが一四〇〇名余りの下士官・兵を連れて決起し、斎藤実《さいとうまこと》内大臣、高橋是清《これきよ》大蔵大臣、渡辺錠太郎《じょうたろう》陸軍教育総監を暗殺し、鈴木貫太郎《かんたろう》侍従長《じじゅうちょう》に重傷を負わせました。ほかに、岡田啓介総理大臣、牧野伸顕前内大臣らも標的とされ、首相官邸、警視庁、内務大臣官邸などが占拠されました。戒厳令が敷かれ、天皇の意向を受けて四日目の二十九日にようやく鎮圧。のちに一七人が死刑に処され、六人が無期禁錮刑を受けました。

日本史の勉強で、同じく昭和初期に起きた「五・一五事件」とセットで覚えた人は多いでしょう。しかし、五・一五事件が数名の将校らが起こしたテロ事件だったのに対し、二・二六事件は加わった人数もケタ違いに多く、規模がまったく違います。それは、日本が転覆しかねなかったほどの本格的な軍事クーデターだったのです。

当時の陸軍には、統制派と皇道派という二つの派閥がありました。二・二六事件を起こした皇道派は、「国体」を強調し、天皇との精神的な結びつきを重視する人々でした。

彼らは東北の農村の惨状などを憂え、世直しが必要だと考えました。「君」（天皇）と「民」の間に、無能な「奸臣《かんしん》」が挟まっているのがよくない。「君側《くんそく》の奸」を討ち、「君」と「民」の純粋な結びつきを取り戻すのだ――決起した将校らにそのような考えを抱かせ、実力行使に走らせる引き金の一つとなったのが、昭和初期の宮城前広場にしばしば現れた「君民一体」の空間であったと、私は考えています。

というのも、皇道派の青年将校の一人であった大蔵栄一《おおくらえいいち》（「二・二六事件」の決起には参加せず）が、著書『二・二六事件への挽歌　最後の青年将校』（読売新聞社）の中で、三四（昭和九）年当時の皇道派の集まりの様子を、次のように振り返っているからです。

《天皇を雲の上にまつり上げて、雲の下では勝手なまねをしている現状が今日の日本である。これが妖雲だ。この妖雲を一日も早く切り開いて真の日本の姿を現出しなければならない——ということであった。（中略）

私らは東京における会合の席上で、よく話し合ったことがあった。

「妖雲を払い除いた暁は、天皇に二重橋の前にお出でいただいて、国民といっしょに天皇を胴上げしようではないか」

この気持ちは、私ら青年将校間の全部の、偽らざる気持ちであった》

この一節に明らかなとおり、「二重橋の前」、すなわち宮城前広場でしばしば行われた天皇の親閲式などの「君民一体」の空間が、彼ら皇道派の将校たちを触発させ、実力行使に向けて「背中を押した」面があるのです。皇道派が思想家の北一輝《きたいっき》の著作に影響されたことはよく知られていますが（北一輝は事件の理論的指導者としての責任を問われ、直接関与しなかったにもかかわらず死刑に処されました）、それだけではなかったのです。

天皇は「二・二六事件」になぜ激怒したか？

二・二六事件が起こったとき、天皇の周囲には、皇道派に同情的な側近もいました。陸軍軍人で、天皇に近侍する侍従武官長の職にあった本庄繁《ほんじょうしげる》は、「其《その》精神ニ至リテハ、君国ヲ思フニ出デタルモノニシテ、必ズシモ咎《とが》ムベキニアラズ」と、決起将校たちを擁護する発言をしました。それに対して、天皇は「朕ガ股肱《ここう》ノ老臣ヲ殺戮《さつりく》ス、此ノ如キ兇暴ノ将校等、其精神ニ於テモ何ノ恕《ゆる》スベキモノアリヤ」と激怒し、「朕自ラ近衛師団ヲ率ヒ、此ガ鎮定ニ当ラン（私自ら近衛師団を率いて事件の鎮圧にあたる）」とまで発言したといいます（『本庄日記』原書房）。

二・二六事件の約半年前には、その前哨《ぜんしょう》戦ともいうべき事件が起きています。皇道派の陸軍中佐・相沢三郎《あいざわさぶろう》が、統制派の中心人物であった軍務局長の永田鉄山《ながたてつざん》を、白昼堂々陸軍省で斬殺した事件です。

相沢は事件を起こす前に伊勢神宮に参拝しており、その際に受けた「神示」に従って天《てん》誅《ちゅう》を加えたのだと、裁判で証言しました。そのことが心に響いたのか、皇太后節子は相沢の裁判に強い関心を示し、彼の「信念」を高く評価しました。相沢が刑事被告人となったことを、「惜しきこと」だとも述べたとされています。一方で、天皇には相沢のテロ行為を美化するような発言はありませんでした。

戦中期にあらわになっていく天皇と皇太后の確執の、一つの萌芽のようなものが、皇道派に対する評価の違いの中に見られる気がします。

天皇にとってさらに大きな不安の種となったのは、一歳年下の実弟である秩父宮《ちちぶのみや》の存在でした。というのも、彼は二・二六事件の関係者たちと密接な関わりを持っていたからです。陸軍士官学校時代の同期には、のちに北一輝に私淑し、北とともに二・二六事件で処刑された西田税《にしだみつぎ》がいました。また、東京の第一師団歩兵第三連隊で中隊長を務めたころには、のちに皇道派青年将校のリーダーとなった安藤輝三《あんどうてるぞう》と親しくなりました。安藤は二・二六事件で決起し、鈴木貫太郎侍従長を襲撃した人物です。

そのように事件の関係者と親しかったうえ、皇道派の側にも、秩父宮が自分たちの側に立つことを待望する空気があったようです。

天皇は、二・二六事件以前から、秩父宮と皇道派のつながりに神経を尖《とが》らせていました。秩父宮は一九三二（昭和七）年には参謀本部作戦課に異動となり、さらに三五（昭和十）年には青森県弘前《ひろさき》市の歩兵第三十一連隊に転補となったのですが、それは天皇の意向によるものだったと言われています。つまり、皇道派から引き離そうとしたわけです。

天皇と皇太后の関係がギクシャクしていたのとは対照的に、皇太后は誕生日が同じ六月二十五日だった秩父宮を溺愛していたと言われています。

二・二六事件の勃発を知った秩父宮は、翌二十七日の未明には弘前を発ち、上京します。このとき、事件を起こした青年将校が「秩父宮殿下が御帰京になったので、愈々《いよいよ》我々の頭目として戴《いただ》き、我々の立場は好転して、昭和維新の成功も近い」というような演説を堂々とやっていました（『雍仁親王実紀』吉川弘文館）。秩父宮はすぐに参内《さんだい》（宮城に参上すること）し、天皇と面会をしますが、そのとき天皇はすこぶる不機嫌だったという説があります。

松本清張は『昭和史発掘』新装版8（文春文庫）の中で「弘前を発った秩父宮の胸中には、叛乱軍に安藤が歩三（歩兵第三連隊――引用者注）の部隊を率いて参加していると分って、事件の収拾に彼らの希望を達するよう宮中での努力を考えていたのではなかろうか」と述べています。ところが上京してみて天皇の激怒を知るや「変心」し、「気持が急に中央部に傾いたと思われる」としています。

秩父宮は天皇に会ってから、皇太后のいる大宮《おおみや》御所に向かいます。その場で何が話されたのかはわかっていません。ともあれ、かなり長い時間を皇太后と二人で過ごしたようです。事件は二十九日に鎮圧されましたが、秩父宮はしばらく東京にとどまり、皇太后に会っています。

なお、二〇一四年に公開された『昭和天皇実録』には、三六年の二・二六事件で敷かれた戒厳令が同年七月十八日に解除されたあと、七月二十二日に昭和天皇が宮中三殿、すなわち賢所・皇霊殿・神殿で行った「親告の儀」の「御告文」が掲載されています。『昭和天皇実録』では宣命書きになっているその一節を、漢字仮名交じり文に書き下して引いてみましょう。

《去し二月二十六日由久利奈《ゆくりな》くも由々しき事ぞ起りける故畏《かしこ》まりつつ此由を告奉らぐと大前を斎き祭る》

去る二月二十六日、突如として重大な事件が起こってしまった。そのため恐れながら、このことを申し上げます——二・二六事件は、天皇がアマテラス・歴代天皇・皇族の霊・天神地祇にわざわざ奉告しなければならないほど、「由々しき事」であったわけです。昭和天皇にとって、事件の記憶は最晩年まで残り、八五年の二月二十六日からは毎年この日に「お出ましをお控えになる」ようになります（『昭和天皇実録』同日条）。

第2章　戦争と祈り

昭和天皇の「戦勝祈願」の特異性

本章では、昭和天皇と戦争――日中戦争および太平洋戦争――との関わりを、「祈り」という観点から概観してみましょう。

一九三七（昭和十二）年七月に日中戦争が勃発すると、昭和天皇の生活も一変します。大好きだったゴルフをやめ、熱中していた生物学の研究も一時中断するほどでした。要は「戦時体制」に入ったことで、スポーツや研究に時間を割いている場合ではなくなったわけです。前章で触れたとおり、日中戦争以後は毎年秋の陸軍特別大演習の統監や地方視察も中断されます。

日中戦争は、勃発直後には「北支《ほくし》事変」と称され、三七年九月の閣議決定で「支那《しな》事変」が正式呼称と定められました。当初は、タテマエ上は「事変」であって「戦争」ではなかったわけです。

しかし、内実はまぎれもない戦争であることを、ほかならぬ天皇は重々承知していたはずです。勃発を機に生活が一変したことがその証でしょう。

敗戦後の四六（昭和二十一）年に天皇が側近に語った話をまとめた『昭和天皇独白録』（文春文庫）でも、日中戦争について次のように述べる部分があります。

《これは満洲は田舎であるから事件が起つても大した事はないが、天津北京で起ると必ず英米の干渉が非道《ひど》くなり彼我衝突の虞《おそれ》があると思つたからである》

日中戦争は、三一（昭和六）年九月に起こった満州事変とは深刻度が違うと、天皇自身が明確に認識していたわけです。

昭和天皇の戦争に関する祈りは、日中戦争から盛んになりました。三七（昭和十二）年十月十七日の「神嘗祭」（天皇がその年の初穂をアマテラスに奉納する祭り）で、その一例が見られます。

通常、宮中の神嘗祭では、神嘉殿の南庇で伊勢神宮を遥拝《ようはい》（遥か遠くから拝むこと）してから賢所で拝礼をするのみでした。ところが、この日に限っては、天皇は皇霊殿と神殿でも同様の拝礼を行ったのです。当時の新聞は「神嘗祭には全く異例の畏き御儀」と報じました（『東京朝日新聞』一九三七年十月十八日夕刊）。

神嘗祭で天皇が読み上げた「御告文」では、「辞別《ことわけ》」（宣命の本文のほかに書き加えられた文章）の形で次のように日中戦争に言及しています。


《我が軍人を守給ひ幸給ひて彼の国をして深く省み疾《と》く悟らしめ給ひて一速く東亜を無窮に平和めしめ給へと恐み恐みも白す》（『昭和天皇実録』一九三七年十月十七日条。原文は宣命書き）

タテマエ上は「事変」であったためか、この時点ではまだ明確な「戦勝祈願」にはなっていません。〝日本の軍人たちを守り、中国を反省させ、東アジアに平和を回復させせたまえ〟と、あくまで平和を祈っているのです。とはいえ、「彼の国をして深く省み疾く悟らしめ給ひて」という以上、戦勝が前提となっているわけで、たんなる「平和の祈り」ではありません。

ところが一九四一（昭和十六）年十二月に太平洋戦争が始まり、戦況が深刻化するにつれ、天皇の祈りはあからさまな戦勝祈願になっていくのです。

「科学万能主義」の時代とも言える二十世紀に生きた昭和天皇が戦勝祈願をくり返し行ったのは、思えば不思議な話です。昭和天皇自身、生物学者でもあるなど、一面では科学的・合理的思考の人だったのですから、なおさらそう思います。

「神頼み」の度合いが強まっていく

日中戦争から太平洋戦争へとなだれ込む戦中期に、ひときわ重みを増したのが、靖国神社です。いうまでもなく、国家神道体制の中で、日本の国を護るために死んだ人々を平等に「英霊」として祀る特異な神社として位置づけられたためです。

「プロローグ」でも少し触れましたが、一九三八（昭和十三）年から四五（昭和二十）年にかけて、昭和天皇は毎年四月と十月に必ず靖国を参拝しました。それは、新たな戦死者を合祀する祭りである「臨時大祭」に合わせてのことでした。

なにしろ戦時中ですから、四月と十月に合祀される新たな戦死者は大変な数にのぼりました。毎回数千人、ときには万単位の戦死者が、英霊として合祀されたのです。

臨時大祭に出席した昭和天皇は、玉串を手に、ていねいな「御拝《ぎょはい》」を行います。その時間は、原則として午前十時十五分と決まっていました。「全国民黙禱時間」と定められたその時間になると、全国民が天皇とともに「英霊」に向かい、戦争の勝利を祈ったのです。それは、時の近衛文麿《このえふみまろ》内閣が推進した「国民精神総動員運動」の一環でもありました。

さきに、宮城前広場などを舞台にした「君民一体」の空間について触れました。天皇と臣民が「英霊」に対する祈りを共有する「全国民黙禱時間」は、いわば「君民一体」の時間であり、午前十時十五分という時間を究極の主体とする「時間支配」でした。財界人の朝倉毎人《つねと》は、臨時大祭が行われた一九四二年四月二十五日の日記に「午前十時十五分ニ全国一億ノ民草、陛下ノ御親拝ニ従ヒテ祈念拝礼ヲ為ス。此瞬間神国ナラデハ解シ得ザル神々敷心境《こうごうしき》ナリ」と記しています（近代日本史料選書9－4『朝倉毎人日記』昭和十五年七月〜昭和十七年、山川出版社）。

同様に、天皇が伊勢神宮の外宮と内宮に参拝した時間や、祝祭日や記念日などの特定の時間に、宮城（皇居）や伊勢神宮への遥拝や黙禱を一斉に行うことも、強制されていきます。これも「時間支配」の一例です。

日中戦争における武漢三鎮占領（一九三八年十月）に際して、天皇が白馬に乗って二重橋に姿を現すパフォーマンスを行ったことは、前章で触れました。その姿に接した人々は、日中戦争の勝利を確信したことでしょう。

おそらく天皇自身も、「君民一体」のパフォーマンスによる高揚から、勝利を確信する心理状態に陥ったのではないでしょうか。天皇もまた、自らのパフォーマンスに呪縛されていたのです。

しかし実際には、武漢三鎮占領後も、国民政府を重慶に遷都した中国軍の抵抗は止まず、逆に日本軍は疲弊し、戦争は泥沼化していきました。

そのころから天皇の独り言が目立って多くなったと、侍従であった岡部《おかべ》長章《ながあきら》が、著書『ある侍従の回想記――激動時代の昭和天皇』（朝日ソノラマ）で証言しています。

それは本当に「独り言」だったのでしょうか？「神」に向かってくり返し「御告文」を唱えるうち、天皇は見えざるものと対話する習慣を身につけてしまったのかもしれません。
　じっさい、戦中期の昭和天皇は、しだいに合理的思考から遠ざかり、「神頼み」の傾向が強くなっていったように見えます。
　たとえば、一九四〇（昭和十五）年九月十九日の「御前会議」で日独伊三国軍事同盟の締結が決定されましたが、その五日後の九月二十四日、内大臣の木戸幸一《きどこういち》に、次のように尋ねたといいます。

《日英同盟の時は宮中では何も取行はれなかった様だが、今度の場合は日英同盟の時の様に只慶ぶと云ふのではなく、万一情勢の推移によっては重大な危局に直面するのであるから、親しく賢所に参拝して報告すると共に、神様の御加護を祈りたいと思ふがどうだろう》
（『木戸幸一日記』下巻、東京大学出版会）

　〝日独伊三国同盟が、情勢の推移によっては大きな危機を招きかねない〟という認識は、為政者として冷静なものです。しかし、その認識がどうして、「だからこそ、神様の御加護を祈りたい」という非合理的行動に結びつくのでしょう？

日本の中世においては、「戦」は人間のみが戦うものではなく、どちらの軍勢に対して、より神仏の加護が強いかによって勝敗が決すると考えられていました。だからこそ、たとえば蒙古襲来に際して、鎌倉幕府は宗教者たちを集めて「蒙古調伏《ちょうぶく》」の祈禱をさせたわけです。

戦中期の昭和天皇の発想は、そのようなことを彷彿《ほうふつ》とさせます。二十世紀の近代戦のさなかの出来事とは、とても思えないのです。

しかし、このときの言葉どおり、昭和天皇は三国同盟について「神様の御加護を祈り」ました。それは、四〇年十月十七日の「神嘗祭」での出来事。同じ日の『木戸幸一日記』には、次のような記述があります。

《聖上には特に本日の祝詞に於て、独伊との同盟条約締結を御報告被遊、且つ神の御加護を祈らせられたり》

祝詞というのは御告文のことです。ただし『昭和天皇実録』では、このときの御告文は公表されていません。

戦勝を神に祈る昭和天皇の姿勢は、一九四一（昭和十六）年十二月の太平洋戦争勃発後も変わりませんでした。十二月九日に宮中三殿で行われた「宣戦につき親告の儀」では、「海に陸に空に射向ふ敵等を速に伐平らげ皇御国の大御稜威を四表八方に伊照り徹らしめ給ひて無窮に天下を調はしめ給へ」という御告文を奏上しています（『昭和天皇実録』同日条。原文は宣命書き）。

開戦間もないころの日本軍は連戦連勝であったわけですが、その時期にも天皇は「神」への報告を怠りませんでした。四一年から翌四二（昭和十七）年にかけ、天皇は宮中祭祀のたびに日本軍の勝利を皇祖皇宗に伝えたのです。たとえば、侍従武官であった城英一郎《じょうえいいちろう》は、四二年二月十一日の紀元節祭に際して、日記のなかで「御告文に戦線の中間御報告文ありし由に奉る」と記しています（近代日本史料選書4『侍従武官 城英一郎日記』山川出版社）。

この時期の祈りは、連戦連勝を神に感謝する側面が強いでしょう。しかし、戦況が悪化するにつれ、切実で悲壮な戦勝祈願に変わっていきます。

私は、そのような天皇の「祈り」の背後に、母である皇太后節子（貞明皇后）からの強い影響があると考えています。

天皇の「四二年伊勢参拝」の理由

一九四二（昭和十七）年十二月十二日、天皇はひそかに伊勢神宮を参拝しました。宮中で祈るのみならず、戦争のさなかにわざわざ伊勢まで赴き、アマテラスに直接戦勝を祈願したのです。四五（昭和二十）年八月の敗戦に至るまで、天皇自らが伊勢まで出向いて戦勝祈願をしたのは、このときだけです。

同年十二月一日、天皇は内大臣の木戸幸一に、伊勢参拝の意図を語っています。

《速やかに最後の勝利を収め、東亜の天地が安定し、延いては世界の平和が回復し、以て皇国国運のいよいよ隆昌ならんことを祈り奉る旨を御告文に挿入するよう御内意を示される》（『昭和天皇実録』同日条）

自ら参拝して勝利を祈願する御告文を読みたい、との意向を木戸に示したのです。

当時は、日本軍がハワイの真珠湾とマレー半島に奇襲を仕掛け、アメリカとイギリスに宣戦を布告してから、ほぼ一年後。四二年六月の「ミッドウェー海戦」で惨敗を喫し、連合国軍の本格的反攻が始まったころです。

そのような時期に、天皇自身が伊勢神宮に参拝したのは、天皇が皇太后節子を意識したからではなかったか――というのが、私の立てた仮説です。

皇太后は、太平洋戦争開戦後間もない四一（昭和十六）年十二月十七日から、静岡県の沼津御用邸に疎開させられていました。

当時はまだ、皇太子も義宮《よしのみや》（皇太子の弟、後の常陸宮《ひたちのみや》）も内親王（皇太子の姉たち）も、誰一人として疎開していませんでした。彼らが疎開したのは、太平洋戦争末期になってからです。開戦直後に皇太后だけが疎開するのは不自然です。

背景には、皇太后をできるだけ東京から遠ざけたいという、天皇とその周辺の思惑があったと考えられます。表向きの理由はむろん、空襲に備えての身の安全の確保です。

当初、日光田母沢《たもざわ》御用邸が疎開先の候補に上がりましたが、皇太后は「寒いのはいや」と不満を述べ、沼津御用邸が選ばれました。皇太后は、「沼津ならばよろし」と述べたとのことです（『高松宮日記』第三巻、中央公論社）。皇太后が溺愛していた秩父宮が御殿場で肺結核の療養中であり、沼津から近いことが承諾の理由だったのかもしれません。

とはいえ、皇太后は一人だけ疎開させられたことに強い不満を抱いていたようです。そのため、彼女を東京に戻すべきか、戻すとしたらいつにすべきかが、宮中ではしばしば議論の的となりました。『木戸幸一日記』でも、四二年七月から十一月にかけての記述では、この問題に多くのページが割かれています。

皇太后の不満に抗しきれず、ついに沼津から東京に戻したのが、天皇が伊勢神宮に赴く一週間前——四二年十二月五日であったのです。

そこから私は、天皇の伊勢参拝は帰京直後の皇太后を安心させるため、言い換えれば「ちゃんと祈っている」ことを示すために行ったのではないかと推察しています。十二月十二日、天皇は伊勢神宮の外宮（豊受大神宮）と内宮（皇大神宮）を順に参拝し、「速けく敵等を事向けしめ給ひ天壌の共隆ゆる皇国の大御稜威《おおみいつ》を八紘に伊照り輝かしめ給ひて無窮に天下を調はしめ給へ」という御告文を奏上しています（『昭和天皇実録』同日条。原文は宣命書き）。いち早く敵を平定することによって日本の威光が世界中に照り輝くよう、祈っているわけです。

皇太后の隠然たる影響力

戦中期の天皇にまつわるさまざまな記録を熟読していくと、天皇は皇太后節子を、「煙たがっていた」というより、「恐れていた」という印象を強くもちます。それは、天皇一人に限ったことではありません。宮中の人々や、軍人、閣僚などの中に、皇太后節子を畏怖していた者が少なくなかったのです。晩年の元老・西園寺公望がひそかに危惧していたのも、まさにこのことでした。

皇太后も、表には出ない形で隠然たる影響力を行使し、敗戦に至るまでの戦争の行方にすら影響を与えたのでした。

私は最近、宮内庁宮内公文書館所蔵の『貞明皇后実録』と『昭和天皇実録』、そして当時の新聞報道、関係者の日記の記述を照らし合わせ、戦中期に戦地から帰還した軍人に天皇と皇太后が面会した日時をリスト化してみました（「戦中期の天皇裕仁と皇太后節子」、御厨貴編『天皇の近代　明治１５０年・平成30年』千倉書房所収）。その結果わかったのは、軍人の多くが天皇と皇太后の双方に面会していたということです。

戦地から帰還した軍人がまず参内し、天皇に戦況を報告するのは当然のことです。当時の天皇は、陸海軍を統帥する大元帥だったのですから。

しかしその後、わざわざ大宮御所や疎開先の沼津御用邸を訪ねてまで、皇太后にも戦況を報告しているのは不可解です。本来、彼らにそのような義務はないにもかかわらず、一九三七（昭和十二）年十二月から敗戦直前の四五（昭和二十）年七月まで、じつに多くの軍人たちが、天皇だけでなく皇太后にも面会しているのです。あたかも、天皇の奥に皇太后が控えているかのように……。

皇太后は、元老・西園寺や歴代首相、閣僚ともよく面会していました。なかでも特筆すべきは、「二・二六事件」直後の三六（昭和十一）年三月九日に広田弘毅《ひろたこうき》内閣が成立した際、天皇が親任式で新閣僚と会って人事内奏を受けた翌日の出来事です。この日、皇太后は大宮御所を訪れた新閣僚一一名に一人ずつ会い、激励の言葉をかけたのでした。まるで、自らが天皇になり代わったかのような前例のない行動であり、新聞にも大きく報じられました。

この日、皇太后と面会した新閣僚たちは、その足で西園寺公望のもとにも挨拶に行きました。そのとき、前田米蔵《まえだよねぞう》鉄道大臣は、皇太后から激励の言葉を賜った感激のあまり、声を上げて泣いていたといいます（『西園寺公と政局』第五巻、岩波書店）。皇太后の影響力を如実に示す逸話と言えるでしょう。西園寺は、「陛下との間で或は憂慮するやうなことが起りはせんか。自分は心配してをる」（同）と不安をあらわにしています。

よく似たエピソードに、一九三八（昭和十三）年十一月十三日、当時の近衛文麿首相が大宮御所で皇太后に面会したときの話があります。

皇太后は公家の中でも「五摂家《ごせつけ》」と呼ばれる名門の一つ・九条《くじよう》家の出身ですが、近衛家も五摂家の一つです。そのためもあってか、皇太后は近衛がお気に入りでした。この日の会見でも、日中戦争の収拾に手を焼いて政権を投げ出しそうになっていた近衛に対し、「国家のために大いに自重するやうに」「辞めないやうに」などと激励しました。近衛も、そのことですっかり舞い上がった様子だったといいます。その様子を聞いた西園寺は、「近衛はなぜどういふ御用でお召しか、といふことを伺つて、さうしてもしそれが政治上のことならば『伺へない』と言つてお断りしなかつたか」と怒りをぶちまけています（前掲『西園寺公と政局』第七巻）。

三五（昭和十）年四月に「満洲国」皇帝・溥儀《ふぎ》が来日した際、溥儀は天皇・皇后との面会のあと、大宮御所を訪問して皇太后と面会しています。溥儀はそのとき、天皇よりもむしろ皇太后に強い印象を受けたといいます。その様子を、ノンフィクション作家の中田整《なかたせい》一《いち》は、「皇太后のあたたかいもてなしに、幼少より肉親の愛情から隔離されて育った溥儀は、初めて実母に接したような感動を覚えた」と表現しています（『満州国皇帝の秘録　ラストエンペラーと「厳秘会見録」の謎』幻戯書房）。

四〇（昭和十五）年に溥儀が再来日した際にも、皇太后は溥儀を手厚くもてなしています。そして、溥儀は皇太后を実の母のように慕うようになったのです。明治神宮と靖国神社に参拝した溥儀は、帰国するや「満洲国」のいしずえを「惟神《かんながら》の道」に定めるという「国本奠定《てんてい》詔書」を渙発しています。「神ながらの道」にのめり込んだ皇太后からの影響は明らかでしょう。

このことは、皇太后の権力をさらに強化しました。たとえば、四三（昭和十八）年三月三十日、「満洲国」出張を翌日に控えていた当時の東條英機《とうじょうひでき》首相は、閣議を中座して大宮御所を訪れ、皇太后と面会しています。そして、「満洲国」から帰国した翌日（同年四月六日）にも、参内して天皇に報告したあと、大宮御所で皇太后と面会しています（伊藤隆ほか編『東條内閣総理大臣機密記録　東條英機大将言行録』東京大学出版会）。

天皇の母であり、「満洲国」皇帝からも母と慕われていた皇太后は、東條首相が閣議を中座してまで会わねばならぬ存在であったわけです。

以上のように、歴代首相や閣僚、そして（傀儡《かいらい》国とはいえ）一国の若き皇帝すら手玉に取るほどの力を、皇太后は持っていました。元老・西園寺公望は、このことを強く危惧していたのです。

明治時代に閣僚や首相を歴任し、最後の元老となる西園寺は、皇太后美子《はるこ》（明治天皇の皇后。昭憲皇太后）と皇太后節子では政治への姿勢が対照的であることに、内心驚きを禁じ得なかったのではないかと思います。

一九一二（大正元）年十二月、山県有朋と西園寺が皇太后美子に、「未熟な大正天皇の後見役となり、指導してほしい」と要請したことがあります。しかしそのとき、皇太后は次のように述べて言下に断ったのでした。

《先帝の御戒に女は政事に容喙《ようかい》すべきものに非ずとあり、之を守りたし》（『原敬日記』第三巻、福村出版）

「明治天皇から『女は政治に口出しすべきではない』と戒められたので、自分はその戒めを守りたい」というのです。その言葉どおり、皇太后美子は翌月以降、沼津御用邸にしばしば隠棲《いんせい》するようになり、一四（大正三）年四月に沼津で死去しています。明治天皇亡き後の美子は、天皇の冥福を祈るため、法華経巻八、すなわち観音経の写経に専念していたといいます（洞口猷壽《ほらぐちゆうじゅ》『昭憲皇太后宮』頌徳会）。

皇太后節子も、皇后時代に裕仁皇太子の訪欧を承諾するにあたって、「政事上必要とあれば、政事上の事は干渉せざる積なり」と述べるなど、表面上は「政治に介入しない」立場を取っていました。しかし、内実は皇太后美子と正反対だったのです。

天皇が皇太后を開戦直後から沼津御用邸に疎開させたのも、一つには、軍人を皇太后から遠ざけ、影響力を削《そ》ぐためでした。確かにこの間、皇太后に会った軍人の数は激減しています。しかし、四二年十二月に沼津から戻った皇太后は、再び多くの軍人に会うようになるのです。

高松宮と天皇の確執

ミッドウェー海戦での惨敗を境として、日本の戦況は悪化していきます。しだいに敗色濃厚となっていく太平洋戦争末期にあって、皇太后節子は、アマテラスなど皇祖皇宗にきちんと祈れば戦争に勝てると思い込んでいたように見えます。その思い込みの土台には、一九二二（大正十一）年三月に香椎宮に参拝したとき以来、自らの霊が神功皇后と一体化しているという、神がかり的な確信があったように思われます。

皇太后が、実際の戦況とは裏腹に抱きつづけた戦勝への確信——それは、前掲『貞明皇后御集』下に収められた折々の和歌に明確に表れています。例を挙げてみましょう。

《たゝかひに必ずかつのこゝろこそ　寒さをはらふ薬なりけれ》（四三年二月）

《かちいくさいのるしるしの大づゝみ　かしこみきゝてこゆる年かな》（四三年暮れ）

（いずれも原文は濁点なし／以下同）

この勇ましい二首を詠んだ四三年には、すでに日本軍は負けつづきで、大本営発表にも「玉砕《ぎょくさい》」という言葉が用いられ始めていました。

翌四四（昭和十九）年には、戦局はますます悪化。四月には学童疎開が始まり、七月にはサイパンが陥落し、その責任を負う形で東條英機内閣が総辞職します。十月には航空機による体当たり攻撃を行う戦死前提の「神風《かみかぜ》特別攻撃隊」の出撃が、フィリピンのレイテ沖で始まりました。そして十一月からは、東京をはじめとする全国の主要都市への空襲もいよいよ本格化しました。

しかし、そのような戦況のなか、この年に詠まれた皇太后の歌には、戦勝へのこだわりがさらに鮮明になっています。

《この月も来らむつきも秋冬も　かちぬくこゝろもちつゞけてむ》
《皇み民勝つたびごとにかぶとのを　しめなほしつゝみ国まもらむ》

一方、『昭和天皇独白録』（文春文庫）には、次のような天皇の発言が記されています。

《私に［は］「ニューギニア」の「スタンレー」山脈《さんみゃく》を突破されてから（四三年九月）勝利の見込を失つた。一度何処かで敵を叩いて速かに講和の機会を得たいと思つた》

天皇は、ニューギニア戦線でのスタンレー作戦に日本軍が失敗した一九四三（昭和十八）年九月の時点で、すでに戦争に勝てないことを悟り、講和を意識していたというのです。「何処かで敵を叩いて」とは、いわゆる「一撃講和論」――どこかで連合国軍に打撃を与え、その戦果を持って和平に持ち込むという構想のことです。

東條英機の後を受けて首相となった小磯國昭《こいそくにあき》は、サイパン陥落後もレイテを「天王山」とすることで戦況を打開できると考えていました。そして、天皇もそれに賛成したのです。そのときの心境について、『昭和天皇独白録』には次のようにあります。

《一度「レイテ」で叩いて、米がひるんだならば、妥協の余地を発見出来るのではないかと思ひ、「レイテ」決戦に賛成した》

このような一撃講和論と戦争継続への固執の背景には、皇太后からの有形無形の影響があったと、私は考えています。

高松宮妃喜久子《きくこ》は、四五（昭和二十）年一月十八日に大宮御所を訪ねた際、皇太后から「ドンナニ人ガ死ンデモ最後マデ生キテ神様ニ祈ル心デアル」と言われました（前掲『高松宮日記』第八巻）。〝国民の間にどれほど戦死者が増えたとしても、自分は最後まで神に戦勝を祈りつづけるつもりだ〟と言い放ったのです。

この発言から、皇太后の心には戦争終結という選択肢がなかったことが窺い知れます。そのような皇太后のかたくなな思いが、天皇を呪縛していたのではないでしょうか。空襲が激しくなる四五年になってもなお、天皇は皇太后の意向に逆らえなかったのです。

一方、天皇の四歳下の弟である高松宮は、四四年にサイパンが陥落し、絶対国防線の一角が崩れる直前の時点ですでに敗戦を必然と捉え、「（今後は）戦争目的を、極端に云つて、如何にしてよく敗けるか、と云ふ点に置くべきものだ」（細川護貞《もりさだ》『細川日記』上、中公文庫）との冷徹な認識に立っていました。

当時、天皇の一歳下の弟・秩父宮は結核で療養中でしたから、高松宮は天皇に最も近い皇族でした。その高松宮と、戦争継続にこだわる天皇との間に深刻な確執が生じることになったのです。その確執は、四五（昭和二十）年に入るといっそう激しくなります。

太平洋戦争開戦から一年後の四二年十二月に天皇が伊勢神宮を参拝して戦勝祈願をしたことは、すでに述べたとおりです。四四年十月、「最高戦争指導会議」において、〝軍の士気を高めるため、天皇にもう一度伊勢参拝をしてもらいたい〟との声が上がりました。そして結局、この参拝は四五年四月、高松宮が天皇の名代として行うことになったのです。

天皇から高松宮に託された御告文の内容は、侍従であった徳川義寛《よしひろ》によれば、「趣旨としては『戦争がこのようになった、いままでの戦果にお礼申し上げ、相手の国も含む各国各人がそれぞれの所を得て共存していくように願う』といったもの」だったそうです（徳川義寛『侍従長の遺言』朝日新聞社）。

高松宮はこの御告文について、「又例ノ通リ全《おな》ジコトヲ繰リ返ヘシニナリ、神様ニハソレデヨイデセウガ、私ニハノミコメヌ」と辛辣《しんらつ》に批判しています（前掲『高松宮日記』第八巻）。すでに敗戦を覚悟していた彼にとってみれば、「神様に祈ったくらいで戦争に勝てるなら、誰も苦労しないよ」という気持ちだったのでしょう。

謎の二日間になされた「和平への転換」

一九四五（昭和二十）年二月、天皇は自ら希望して、重臣たちに戦争の行方についての意見を個々に聞く機会をもうけました。平沼騏一郎《ひらぬまきいちろう》・広田弘毅・近衛文麿・若槻禮次郎《わかつきれいじろう》・牧野伸顕・岡田啓介・東條英機という面々が、個別に呼び出され拝謁したのです。

このとき、戦争の即時終結を明確に主張したのは近衛文麿のみでした。近衛は天皇を退位、出家させ、裕仁《ゆうにん》法皇として京都の仁和寺《にんなじ》に住まわせることを計画していました（高橋紘、鈴木邦彦『天皇家の密使たち——秘録・占領と皇室』現代史出版会）。仁和寺は平安時代に宇多天皇が出家し、法皇として住んだ寺でもありました。

しかし、天皇は近衛の訴えをしりぞけました。『昭和天皇独白録』でも、そのときのことが次のように振り返られています。

《近衛は極端な悲観論で、戦を直ぐ止めたが良いと云ふ意見を述べた。私は陸海軍が沖縄決戦に乗り気だから、今戦を止めるのは適当でないと答へた》

かくして、皇太后に引きずられるように「一撃講和論」に固執した天皇の決断が、四五年三月末から六月にかけて、沖縄を凄惨な地上戦に巻き込むことになってしまったのです。

また、同年三月十日未明の「東京大空襲」などによって、本土も甚大な被害を受けました。皇太后が住まう大宮御所も、五月二十五日の空襲で、明治宮殿同様、飛び火を受けて全焼しました。以後、皇太后は御所内にあった防空施設に移り住むことになります。

天皇と皇后は、すでに宮殿から御文庫《おぶんこ》と呼ばれる鉄筋コンクリートの建物に移っていたので無事でしたが、皇太后は亡くなっていたかもしれないわけで、天皇が受けた衝撃は大きかったはずです。

大宮御所全焼から二週間余りが過ぎた六月十四日、天皇と皇后はひそかに大宮御所の防空施設を訪ね、皇太后に会いました。

このときの訪問で天皇は極度に緊張し、「御気分悪しくならせられ」「御嘔吐」までしてしまったと、敗戦直前まで侍従を務めた小倉庫次《くらじ》がその様子を日記に記しています（『文藝春秋』二〇〇七年四月号掲載「小倉庫次侍従日記」）。この日、天皇が皇太后と会うのは、じつに二五四日ぶりでした。久しぶりだったということもあるのでしょうが、それ以上に、天皇にとって皇太后が畏怖の対象であったことを窺わせるエピソードです。このときの会見で天皇は皇太后に軽井沢への疎開を強く勧めますが、皇太后は拒絶しています。

大宮御所から宮城に戻った天皇は倒れ込むようにして床に着き、それから二日間にわたって体調を崩して寝込みます。推察すれば、皇太后との会見でそれほどショッキングなやりとりがなされたのでしょう。

在野の歴史家・半藤一利《はんどうかずとし》は、著書『聖断』（ＰＨＰ文庫）でこの点に注目し、次のように述べています。

《このわずかな二日間、天皇は輾転反側《てんてんはんそく》する想いで悩んだと思われる。何を考え何を決意したかは、想像する以外はない。しかし、健康を回復して再び政務室に姿を現したとき、その顔は和平の方へ向けられていた》

半藤の鋭い指摘どおり、一九四五年六月十四日の皇太后との会見後の「空白の二日間」を境に、天皇の姿勢は戦争の継続から和平へと、大きく転換していました。

六月八日の御前会議では、「飽《あ》ク迄《まで》戦争ヲ完遂シ以テ国体ヲ護持シ皇土ヲ保衛シ征戦目的ノ達成ヲ期ス」との方針が決定され、天皇もこれを裁可しています。つまり、戦争の継続が大前提とされていました。ところが、天皇は六月二十日には、東郷茂徳《とうごうしげのり》外相に対して戦争の早期終結を希望しています。六月二十二日に天皇自らが招集した「最高戦争指導会議懇談会」でも、席上、「戦争の終結についても速やかに具体的研究を遂げ、その実現に努力することを望む」との意思表示を行ったのです（『昭和天皇実録』同日条）。まさに一八〇度の転換です。

立ち上がれないほどの衝撃を受けた六月十四日の皇太后との会見から、おそらくは悶々と悩んだ二日間を経て、天皇は覚悟を決めたのでしょう。

敗戦間近の虚しき「敵国撃破」祈願

一九四五（昭和二十）年六月に至って、戦争継続から和平へと態度を一変させたことは、昭和天皇がようやく皇太后の呪縛から脱却したことを意味する――私はそう捉えてきました。ところが、ことはそれほど単純ではなかったのです。

二〇一四（平成二十六）年、一万二〇〇〇ページを超える長大な『昭和天皇実録』が初公開され、私も天皇の研究者として、いち早くその内容の精査に当たる機会を得ました。某所に詰めて作業を進めるとともに、全文のコピーも受け取って自宅でも読み進めました。そして、ある場面にさしかかったとき、「なんだこれは！」と思わず声を上げてしまうほどの衝撃を受けました。そこには、一九四五年六月をもって天皇は皇太后の呪縛から解かれたという、私自身の仮説を裏切る記述があったからです。

その記述とは、四五年七月三十日と八月二日に、大分県の宇佐《うさ》神宮と福岡県の香椎宮に天皇が勅使を送り、敵国撃破を祈願させていたというものです。

六月の段階で戦争の早期終結を望むとした天皇が、八月になってもなお敵国撃破の祈願をさせていたというのは、あり得ない、考えられないことです。当時、すでに沖縄は陥落し、日本は連合国軍から「ポツダム宣言」を突きつけられていました。そのような時期に、講和に向かって進んでいた全体の動きに逆行し、矛盾した行動を、「大元帥」たる天皇自身が取っていたことになるからです。

しかも、勅使に託された「御祭文」（天皇が直接奏する「御告文」に対し、勅使が奏する文）には、「国内尽《ことごとく》一心に奮起ち有らむ限りを傾竭《かたむけつく》して敵国を撃破《うちやぶ》り事向けしめむとなも思ぼし食す」（『昭和天皇実録』一九四五年七月三十日条。原文は宣命書き）という具合に、かつてないほど激しい言葉が使われていたのです。

そのような行動が、天皇一人の意向によって決められたとは、私には到底思えません。天皇一人の意向によって決めたことなら、勝利を祈願する神社は、これまでと同様、天皇とつながるアマテラスが祀られた伊勢神宮になったでしょう。なぜ、唐突に東京から最速でも一日以上かかる香椎宮と宇佐神宮が出てくるのか？　そこには皇太后節子の意向が強く反映されていたはずです。

勅使を送った宇佐神宮の主祭神は応神天皇であり、香椎宮の主祭神は神功皇后（およびその夫の仲哀天皇）です。

すでに述べたとおり、神功皇后は、子である応神天皇を宿した身重の体で朝鮮半島に渡って戦い、新羅を降伏させ、百済・高句麗に朝貢を誓わせたという、『日本書紀』に描かれた「三韓征伐」の伝説で知られます。皇后時代に香椎宮に参拝して以来、神功皇后の霊と一体化していると皇太后節子が信じていたならば、これは皇太后の意向による「敵国撃破」祈願であったとしか考えられません。

おそらく皇太后は、いくら祈っても効き目のない伊勢神宮にしびれを切らし、自らと一体化した（と信ずる）「外国と戦って勝った皇后」と、その胎中にいた天皇の霊に、最後の勝利の祈りを託したのでしょう。

敗戦を間近に控え、戦争終結に向けて大きく動いていたこの時期に、天皇がなおも神に敵国撃破をひそかに祈っていたのは、驚くべきことです。この驚愕の事実が明かされたことこそ、『昭和天皇実録』の最大の収穫と言えるかもしれません。

周知のとおり、敵国撃破を祈った直後の四五年八月六日・九日には、広島・長崎に原子爆弾が投下されます。しかも、連合国軍との和平の仲介を依頼していたソ連が参戦してくるという予期せぬ事態が起こり、八月十日未明の最高戦争指導会議で、ポツダム宣言受諾の「聖断」がなされることになります。そのことを思えば、「敵国撃破」祈願はこのうえなく虚《むな》しい行為でした。

そしてそれは、昭和天皇が敗戦の直前まで皇太后節子の意向に逆らえなかったことを、如実に示してもいます。

占領期に、皇太后の戦争責任が問われることはありませんでした。彼女に法的な権力はありませんでしたし、そもそも昭和天皇自身の戦争責任も問われなかったのですから、ある意味で当然でしょう。しかし、法的にはともかく道義上は、皇太后にも太平洋戦争を泥沼化させた責任の一端はあったのです。

戦時中の「天皇とキリスト教」

次章でくわしく触れるとおり、占領期に昭和天皇はキリスト教、とくにカトリックに急接近します。そのきっかけは、第1章で述べた、皇太子時代のローマ法王ベネディクト十五世との会見にあったでしょう。

昭和天皇のローマ法王に対する関心は、じつは戦時中にもありました。一九四一（昭和十六）年十月十三日、天皇は側近の木戸幸一にこう話しています。

《対米英戦を決意の場合、ドイツの単独講和を封じ、日米戦に協力せしめるよう外交交渉の必要があること、さらに戦争終結の手段を最初から十分に考究し置く必要があり、そのためにはローマ法王庁との使臣の交換など、親善関係を樹立する必要がある旨を述べられる》（『昭和天皇実録』同日条）

開戦前から戦争終結の手段まで考えていたことにも驚きますが、何より驚かされるのは

「ローマ法王庁」のことが唐突に出てくる点でしょう。『昭和天皇実録』にはこれ以外にも、四二年二月に天皇が「ローマ法王庁を仲介とする戦争終結の可能性」に言及する箇所があります。

若き日にローマ法王と会見したときの印象がよほどよいものだったのか、天皇にはローマ法王庁への不思議なまでの信頼感があったようです。もっとも、ローマ法王庁に戦争終結の仲介を依頼するというアイデアは、実現には至らず立ち消えになりますが。

戦時中のキリスト教とのもう一つの関わりとして、皇后良子（香淳皇后）が、宮中で定期的に聖書の講義を受けていたという事実があります。

講師を務めたのは、皇太后からも信頼されていたキリスト教徒・野口幽香でした。野口は幼児教育者・社会事業家であり、現在の日本の保育園の原型を作った人物としても知られています。

貝出寿美子《かいですみこ》著『野口幽香の生涯』（キリスト新聞社）の中に、次のような記述があります。

《皇后様は幽香にことのほか親愛感をお持ちになられた御様子で、幽香のやわらかな心のぬくもりを感じるような話をぜひ聞いてみたいとの思召しと、戦争で御心労の多い皇后様を、すこしでもおなぐさめしたいという純粋な気持ちが一致したのか、公式的な拝謁を離れて、親しくお話をする機会を持つこととなった》

このような経緯から始まった野口の聖書講義は、戦中期には四二（昭和十七）年四月から四四（昭和十九）年十二月まで、一二一回にわたって宮中で行われました。講義は皇后のみならず、女官長や女官数名も一緒に受けました。以後は東京への空襲が激しくなり、聖書講義も中断せざるを得なかったのでしょう。

キリスト教に対する圧力が強まっていた戦中期に宮中で皇后が聖書の講義を受けるというのですから、ある意味できわどい話です。このことは極秘だったようで、天皇側近の日記にもいっさい出てきません。しかし、天皇が聖書講義について知らなかったはずはなく、黙認していたのでしょう。むしろ天皇自身が、この講義の最大の理解者であったのかもしれません。

戦中期の皇后がキリスト教に救いを求めようとしたことは、同時期の皇太后が「神ながらの道」にのめり込んでいったのとはきわめて対照的です。こうした皇后の姿勢そのものが、皇太后とは明確に一線を画そうとする決意の表明のようにも見えるのです。

第3章 人間に戻った「現人神」

「人間宣言」後も温存された宗教性

一九四六（昭和二十一）年元日に発布された昭和天皇の詔書（天皇が発する公文書）――「新日本建設ニ関スル詔書」は、一般に「人間宣言」という通称で知られています。戦時中には「現人神」とされた天皇が、自らの「神格」を否定し、一人の人間であることを宣言したものと認識されているのです。

全体のうち、「人間宣言」に相当するとされている記述は、最後の数行のみです。そこには次のようにありました。

《朕ト爾等《なんじら》国民トノ間ノ紐帯《ちゆうたい》ハ、終始相互ノ信頼ト敬愛トニ依リテ結バレ、単ナル神話ト伝説トニ依リテ生ゼルモノニ非ズ。天皇ヲ以テ現御神《あきつみかみ》トシ、且《かつ》日本国民ヲ以テ他ノ民族ニ優越セル民族ニシテ、延テ世界ヲ支配スベキ運命ヲ有ストノ架空ナル観念ニ基クモノニモ非ズ》（『昭和天皇実録』同日条）

なるほど、ここでは、天皇を「現御神」（＝現人神）とする考え方や、「日本民族は世界を支配すべき運命を持っている」とする考え方が否定されています。

ただし、いわゆる「万世一系」イデオロギーまでも否定する内容ではありません。歴代天皇がアマテラスから血縁でつながる「神の子孫」であり、自分もその系統に連なっているという考え方は、なんら否定されていないのです。

天皇自身も、詔書が発布される三日前、侍従次長であった木下道雄に対して、「神の裔にあらずと云う事には御反対である」との意見を述べていました（木下道雄『側近日誌』文藝春秋）。「万世一系」を否定するつもりはないと、側近に宣言していたのです。

したがって、この詔書を「人間宣言」と呼ぶことは誤解を招くと思います。そもそも、「人間宣言」という呼称は当時のマスコミがつけたものにすぎません。

詔書が発布される半月前――一九四五（昭和二十）年十二月十五日には、日本占領を取り仕切った「ＧＨＱ」（連合国軍最高司令官総司令部）が、いわゆる「神道指令」を発しています。国家が神道を支援・監督・普及することを禁止するもので、「国家神道」の解体を意図したものと捉えられています。

しかし、ここにもやや誤解があります。「神道指令」は、神社の国家管理は廃止したものの、宮中祭祀を根幹とする「皇室神道」は解体しなかったからです。つまり、天皇が皇室の宗教行事である宮中祭祀を行うこと自体については、とくに禁止していなかったのです。伊勢神宮や靖国神社など、国家神道の中核としての役割を果たした神社もまた、宗教法人という形で存続を認められました。日本国憲法のもと、信教の自由が認められることで解体を免れたわけです。

天皇家の私的な宗教として皇室神道を認める考え方は、現在まで踏襲されており、宮中祭祀に関わる職員である「掌典《しょうてん》」（男性）・「内《ない》掌典」（女性）は宮内庁の職員ではなく、内廷費で雇われた「私的な使用人」という扱いです。掌典・内掌典は明治時代からある役職で、戦前までは宮内省の職員だったのですが、敗戦とともに位置づけが変わったのです。

「新日本建設ニ関スル詔書」が「万世一系」を否定していないことと、神道指令が宮中祭祀を禁止しなかったことの間には、密接な関係があります。というのも、天皇が「アマテラスの子孫」であるとする考え方を否定してしまったら、宮中祭祀の根幹が崩れてしまうからです。

ＧＨＱは、国家神道については禁止したものの、天皇制とそこにからむ宗教性には手をつけず、温存したのでした。その背景には、占領期の日本に君臨した連合国軍最高司令官ダグラス・マッカーサーの、高度な政治判断がありました。

当時の米国には、天皇を戦争犯罪人として裁くべきだとする意見が、世論にも政府・議会にも多く見られました。そうしたなか、マッカーサーは〝占領統治を円滑に進めるためには、天皇制を温存したほうがよい〟と結論し、反対の声を振り払って推し進めたのです。天皇制の廃止はもちろんのこと、昭和天皇の戦犯指名も退位も、マッカーサーは考えていませんでした。

敗戦から約三カ月後の一九四五年十一月十三日、天皇は伊勢神宮を参拝しています。国家神道体制の頂点に位置した伊勢神宮を天皇が参拝するにあたっては、マッカーサーの許可を取らなければなりませんでした。しかし、あっさりと参拝は許可されたのです。

内大臣であった木戸幸一が、そのときの様子を証言しています。

《マ司令部からの回答は意外にも誠に好意的なもので、伊勢神宮御親拝の為めの行幸は少しも差支《さしつかえ》なく、司令部としては出来る丈《だけ》の警護をするとのことであったので、それから準備を進めて十一月十二日に愈々《いよいよ》御出発になったのであった》（木戸日記研究会編『木戸幸一関係文書』東京大学出版会）

『昭和天皇実録』にも、この参拝時の「御告文」は掲載されていません。が、木戸幸一によれば、この伊勢参拝は「真に純真に祖宗（皇祖皇宗のこと――引用者注）に対し御詫びがなさりたいと云ふ」（同）天皇の気持ちから行ったものだとのことです。

四二年十二月十二日に天皇自ら戦勝祈願のため伊勢神宮に参拝してから、約三年後。こんどは敗戦を報告するために再び参拝したわけです。やはり天皇にとって最も大事な神社は、伊勢神宮だったのです。

「国体」は国民との絆の中に

GHQは、憲法改正を一連の「日本の民主化」の眼目と捉えました。

憲法改正の過程で、まず、当時の国務大臣・松本烝治《まつもとじようじ》が主体となって作成された大日本帝国憲法の改正私案——いわゆる「松本試案」が提出されました。しかし、これは大日本帝国憲法とほぼ変わらない内容であったため、GHQにあっさり却下されます。代わって、GHQ側が憲法草案を作り、それが日本国憲法の土台となります。

昭和天皇の「松本試案」と「新憲法草案」に対する反応を見ると、いささか奇妙な印象を受けます。というのも、天皇は松本試案を否定しなかった——言い換えれば、大日本帝国憲法改正の必要性を感じていなかった——にもかかわらず、それとは大きく異なる新憲法草案についてもすんなり受け入れたからです。一九四六(昭和二十一)年五月三十一日に開かれた天皇とマッカーサーの第二回会談でも、天皇は「新憲法作成への助力に対する謝意」をマッカーサーに表明しています(『昭和天皇実録』同日条)。

一方、天皇の弟である高松宮は、「君主制の否定だと思ふ」「全然米国製のものだ」と述べるなど、新憲法草案に否定的でした（『細川日記』下、中公文庫）。草案は主権在民がはっきりしすぎており、「君主制の否定」、すなわち「国体」の否定につながると考えたからでした。

両者の態度を比較すれば、高松宮のほうが首尾一貫している印象を受けます。しかし、おそらく天皇は、〝いかなる形であれ憲法のなかに天皇条項が入ってさえいれば、国体そのものは揺るがない〟と見なしていたのでしょう。

天皇の国体観は、四五（昭和二十）年八月十五日の玉音放送で流された「終戦の詔書」の一節にも見て取れます。

《朕ハ茲《ここ》ニ国体ヲ護持シ得テ忠良ナル爾臣民ノ赤誠ニ信倚《しんい》シ常ニ爾臣民ト共ニ在リ》

たとえ戦争に負けても、「常ニ爾臣民ト共ニ在リ」、すなわち天皇と臣民が常に一体となる「君民一体」がある限り「国体」は護持されるのだと、天皇は国民に語りかけたのです。

憲法における天皇の位置づけが「統治権の総攬者」から「象徴」へと変わったとしても、戦前と変わらない「君民一体」が確保される限り「国体」は護持されると、天皇は確信していたのでしょう。だからこそ、新憲法草案をすんなり受け入れたのです。

天皇にそのような確信をもたらしたのは、おそらく、一九四六（昭和二十一）年二月から始まった「戦後巡幸」だったと思います。同年の上半期に限っても、神奈川・東京・群馬・埼玉・千葉・静岡の各都県を、天皇は巡幸しています。そして、どこへ行っても、人々は万歳をしたり、旗を振ったり、「君が代」を斉唱したりして、戦前と何ら変わらない熱狂的な歓迎で天皇を迎えたのです。翌四七年六月の京都、兵庫、大阪、和歌山巡幸からは、主要都市に奉迎場が復活し、万単位の国民と天皇が一体となる光景が再現されます。

そうした「君民一体」の空間の中に身を置いて、敗戦後も国民との絆は保たれていることと、その絆の中に「国体」が護持されていることを確信して、天皇は自らの読みの正しさを実感したでしょう。

別の角度から見るなら、敗戦後も変わらず国民が天皇を熱狂的に迎えた一つの要因は、マッカーサーが国民の前にほとんど姿を現さなかったことにあると思います。

占領下の日本を統治したマッカーサーは、基本的にはアメリカ大使館とGHQ本部の間を往復するのみで、皇居にすら行っていません。お忍びで鎌倉に行ったことがある程度で、あとはほとんど東京から動いていなかったのです。

占領期にマッカーサーが全国各地を回って国民に姿をさらしていたら、明治初期の六大巡幸で人々が天皇を「生き神」としてすんなりと迎えたように、人々はまた新たな「生き神」としてマッカーサーを熱狂的に迎えたかもしれません。

五一（昭和二十六）年四月、マッカーサーが朝鮮戦争をめぐる対応でトルーマン米大統領と対立し、総司令官を解任されたときには、羽田空港までの沿道に二〇万人以上が集まり、帰国する彼を見送りました。マッカーサーとGHQのもとには、全国から約五〇万通もの手紙が寄せられたと言います（袖井林二郎『拝啓マッカーサー元帥様　占領下の日本人の手紙』岩波現代文庫）。日本に民主主義をもたらしたマッカーサーは、それほど崇拝や憧れの対象だったのです。

そのマッカーサーが東京にこもりきりだったからこそ、天皇の地方巡幸は戦前と変わらぬ熱狂を保った面があると思います。地方では、天皇のカリスマ性は失われていなかったのです。

天皇、自らの「戦勝祈願」を反省

日本国憲法が公布された二日後の一九四六（昭和二十一）年十一月五日、天皇は伊勢神宮に掌典長の甘露寺受長《かんろじおさなが》を勅使として派遣しています。憲法が公布されたことをアマテラスに「奉告」するためです。

そのとき勅使に奉読させた「御祭文」には、次のような一節がありました。

《永遠の太平と国民の福祉とに威き神祐を弥高《いやたか》に弥広に蒙り奉らしめ給へ》（『昭和天皇実録』同日条。原文は宣命書き）

アマテラスに、日本の平和と国民の幸福を祈ったのです。戦時中に戦勝を神に祈ったことと、祈りの中身こそ違いますが、より上位者に当たる神に奉告する姿勢そのものはまったく変わっていなかったわけです。

その後も、「サンフランシスコ講和条約」が発効し、日本の独立が回復した翌日――五二（昭和二十七）年四月二十九日には、やはり伊勢神宮に掌典長が勅使として派遣されています。そして、「去年の秋平和条約を結び今度其の効成るに至る故専ら皇大御神の高き尊き恩頼に依りけりとなも辱《かたじけな》み奉り畏み奉らせ給ふ」とアマテラスに感謝する御祭文を奉読させました（『昭和天皇実録』同日条。原文は宣命書き）。

戦後になっても、昭和天皇は依然として神への奉告を怠ることがなかった……このことをまさに象徴するのが、四五年十一月二十三日、戦後初の新嘗祭に際しての天皇の言葉です。

新嘗祭の四日ほど前から、天皇は体調を崩していました。しかし、前日の二十二日、侍従次長であった木下道雄に対して次のように述べ、病を押して参加したのでした。

《神に対し大宮様に対し、又国民に対し、是非明日は祭に出る、たとえ少々病気になりても差支えなし》（木下道雄『側近日誌』文藝春秋）

これは、天皇が宮中祭祀を非常に重視していたことを示す言葉ですが、同時に、天皇の心の中の「序列」が無意識のうちに露呈した言葉として、注目すべきでしょう。天皇にとって、第一に責任を感ずる対象は「神」であり、第二が「大宮様」――すなわち母である皇太后節子であり、「国民」はその次でした。天皇にとって皇太后は、戦後になってもなお神に次ぐ存在であったわけです。

一方で天皇は、戦時中の自らの「祈り」のありように対して、反省の態度を示してもいます。一九四六（昭和二十一）年一月十三日、木下道雄に対してこう発言しているのです。

《戦時後半天候常に我れに幸いせざりしは、非科学的の考え方ながら、伊勢神宮の御援《たす》けなかりしが故なりと思う。神宮は軍の神にはあらず平和の神なり。しかるに戦勝祈願をしたり何かしたので御怒りになったのではないか》（同）

「平和の神」であるはずのアマテラスに戦勝祈願などしたから、そのことがアマテラスの怒りを招き、神罰が当たって敗戦したのではないかというのです。この言葉は、もちろん第一義的には四二年十二月の伊勢神宮参拝を反省したものですが、戦況悪化から目を背けて戦勝を祈りつづけ、最後には宇佐神宮と香椎宮にまで勅使を参向させてしまったことに対する反省の念が込められているようにも思えます。

昭和天皇は、戦後に大分県や福岡県を訪れた際も、宇佐神宮や香椎宮には参拝しませんでした。宇佐神宮と香椎宮に勅使を送り、敵国撃破を祈らせたことを、決して忘れてはいなかったからでしょう。戦時中、神道が戦争と結びついてしまったことを、天皇は深く悔いていたのでした。

言い換えれば、戦後も天皇が宮中祭祀にこだわりつづけた一つの理由が、「戦中の祈りに対する反省」にありました。戦中に戦勝を祈ったことが「誤っていた」としたら、その誤ちをアマテラスに対して謝罪し、悔い改めて「正しい祈り」をしなければならない――そう考えたからこそ、平和への祈りとしての宮中祭祀を継続しなければならなかったのでしょう。

また、天皇が祭祀の継続にこだわったもう一つの理由として、日本人の宗教心の乏しさに対する危惧があったと考えられます。

いまも昔も、キリスト教圏やイスラム教圏などの諸外国に比べて、日本人には自分のことを「無宗教」と考える人が多いものです。しかもそれは、宗教について考え抜いたうえでの「無神論」ではなく、宗教そのものに無関心な「無宗教」です。

そうした傾向から付和雷同しやすい国民性となり、戦中期の国民全体の誤った祈りに結びつき、敗戦という悲劇を招いたと、天皇は考えていたようなのです。戦時中には国家神道体制の下、国民も神社に戦勝を祈ることを強制されていたわけですが、その祈りが誤っていた、もしくは実質を伴わない形式の祈りになっていたとの思いを、天皇は抱いていました。

このことは、天皇がマッカーサーとの第三回会見で「日本人の教養未だ低く且宗教心の足らない現在」(『資料日本占領1　天皇制』大月書店)と発言したことや、侍従・徳川義寛に「宗教心を持たねばだめだね」「こういう戦争になったのは、宗教心が足りなかったからだ」(前掲『侍従長の遺言』)と語っていたことに表れています。

昭和天皇のキリスト教への接近

昭和天皇のキリスト教への接近は、皇太子時代の訪欧でのローマ教皇ベネディクト十五世との会見を大きな契機としていました。太平洋戦争中にも宮中で香淳皇后らが聖書講義を受けていたことは、前章で紹介しました。

しかし、天皇がキリスト教に最接近したのは、戦後の占領期でした。接近を示す事例は、枚挙にいとまがありません。『昭和天皇実録』を見ても、キリスト教関係者と天皇の面会は、この時期非常に多いのです。

たとえば、一九四六（昭和二十一）年四月には、カトリック信者の東京帝国大学教授・田中耕太郎からキリスト教について進講（身分の高い人への講義）を受け、熱心に質問もしています。

また、同月、女性牧師で日本ＹＷＣＡ会長の植村環《うえむらたまき》と面会しています。敗戦後、野口幽香は皇后に対する講義を再開し、四六年から四七年にかけて三回にわたり講義を行いましたが、四七年になると植村が野口幽香と入れ替わるようにして、宮中で皇后に対して聖書講義をするようになります。この聖書講義には、天皇も数回にわたって同席しています。

四六年十月には、皇太子明仁の家庭教師として、アメリカからエリザベス・グレイ・ヴァイニング夫人が来日し、天皇とも面会しています。彼女は五〇（昭和二十五）年まで日本で暮らし、宮中で皇太子に英語などを教えました。

ヴァイニング夫人はクエーカー教徒（プロテスタントの一派）でした。アメリカ人が皇太子の家庭教師に選ばれたのは、最終的には天皇の決定によるものだったと、のちにヴァイニング自身が強調しています。「皇太子の教育を委任されている人々と御相談になることさえなく、御自分から進んで申し出られたのであって、まったく先例のないことであった」（E・G・ヴァイニング、小泉一郎訳『皇太子の窓』文春学藝ライブラリー）と言うのです。

天皇は、アメリカに信者の多いクエーカー派の人物を宮中に受け入れることで、マッカーサーに対する配慮の姿勢を示したのだと思われます。

ヴァイニング夫人は『皇太子の窓』の中で、皇太子をキリスト教に改宗させようとしたことは一度もなかったと述懐しています。それでも天皇から見れば、しっかりとしたキリスト教の信仰を持った人物に皇太子の教育をまかせることは、かつてのような狂信的な「神ながらの道」に近づけるより、はるかに望ましいと感じられたのでしょう。

占領期、天皇・皇后がとりわけ親しくつきあっていたカトリック教徒が二人います。一人は、ドイツ出身のカトリック修道女・聖園《みその》テレジア。日本でカトリック団体「聖心愛子会」（現・聖心の布教姉妹会）を創立し、一九二七（昭和二）年に日本に帰化した女性です。香淳皇后は、敗戦翌年の四六年から、この聖園テレジアと頻繁に面会しています。

昭和天皇も、四七年八月十四日には東北巡幸の途上、秋田の聖心愛子会秋田支部で初めて聖園テレジアに会っています。このときの模様を、同行した元宮内次官の白根松介は「陛下にはつかつかと聖堂内に、お入りになり、その中央部でお立ちとどまりになって、黙禱遊ばされました」と記しています（『聖園テレジア追悼録』聖園テレジア遺徳顕彰会）。

もう一人は、日本に長く暮らしたフランス人神父ヨゼフ・フロジャックです。フロジャックは那須御用邸に隣接する御料地約九六万坪を借り受け、ここを開墾して聖堂を建設するなど、カトリックの聖地にしています。四七年九月八日には、昭和天皇と香淳皇后がこの聖地を訪れています（『昭和天皇実録』同日条）。

『昭和天皇実録』には、聖園テレジアとフロジャックの名がしばしば出てきます。中でも注目すべきは、フロジャックが四八年一月に訪欧の旅に出て、三月に当時のローマ法王ピウス十二世に面会したことです。このとき、フロジャックは天皇から託された親書を法王に渡しています。

親書の内容はつまびらかにしませんが、カトリックに対する強いシンパシーを表明するものだったと推察できます。というのも、同年十二月九日付の『朝日新聞』が報じた、法王庁消息筋から発せられた次の言葉は、親書の内容をふまえたものと考えられるからです。

《一九四五年以来天皇、皇后両陛下はキリスト教に多大の関心を示され、日本におけるカトリックの慈善事業に対しても皇室からの援助が行われた。日本のカトリック教信者の多くは、天皇がカトリックの洗礼をうけられることを祈っている》

四八年六月には、来日したフランシス・ジョセフ・スペルマン枢機卿が天皇と会見しています。スペルマンは次期ローマ法王とも目されていたカトリックの大物であり、この会見は天皇がカトリックに改宗する準備ではないかとの憶測まで呼びました。天皇とローマ法王庁の結びつきは、かつてないほど強まっていたのです。

天皇の「退位問題」と「改宗問題」

このように、占領期には昭和天皇のカトリックへの改宗の可能性が、かなり具体的に取り沙汰されていました。

この「改宗問題」は、同じく占領期にくすぶりつづけた天皇の「退位問題」とセットで捉えるべきだと思います。つまり、〝退位を封じられた天皇が、退位に代わる「責任の取り方」として占領期に改宗を考えていた〟というのが、私の見立てなのです。

退位について、天皇は占領期に少なくとも三度、真剣に考えたことがあると言われています。一度目は敗戦直後。二度目は一九四八（昭和二十三）年に東京裁判（極東国際軍事裁判）が結審したころ。三度目が独立回復直前で、「サンフランシスコ講和条約」の発効に合わせての退位を決意していたとも言われています。

昭和天皇の退位への思いについては、天皇の側近たちが遺した日記などに記録されています。たとえば、内大臣・木戸幸一の四五（昭和二十）年八月二十九日の日記には、この日に天皇が木戸に語ったというこんな言葉が記されています。

《戦争責任者を聯合国に引渡すは真に苦痛にして忍び難きところなるが、自分が一人引受けて退位でもして納める訳には行かないだらうかとの思召あり》（『木戸幸一日記』下巻）

ここで天皇は、退位について積極的な発言をしていますが、侍従次長の木下道雄は四六（昭和二十一）年三月六日の日誌に、次のような天皇の発言を書き留めています。

《退位した方が自分は楽になるであろう。今日の様な苦境を味わわぬですむであろうが、秩父宮は病気であり、高松宮は開戦論者でかつ当時軍の中枢部に居た関係上摂政には不向き。三笠宮は若くて経験に乏しいとの仰せ》（木下道雄『側近日誌』）

ここでは一転して、退位すべきか否か逡巡している天皇の姿が浮かび上がってきます。けれども当時は、高松宮や三笠宮らの皇族、さらには母親の皇太后節子までが、天皇は「退位すべきだ」とする発言を次々としていたのです。

たとえば、皇太后は四六年三月十九日に、当時滞在していた沼津御用邸を訪ねた木下道雄に対し、「御退位のことにつきては、しかるべき時期を見て決行さるることを可とせらるるにあらずやと思わるる御言葉」を述べたといいます。

実際には、天皇はたとえ退位したくてもできない立場でした。その第一の理由は、マッカーサーが退位を許さなかったことです。じっさい、四八（昭和二十三）年十月二十九日には、首相の吉田茂が天皇に、「御退位等は決してされるべきではない」とのマッカーサーの意見を言上しています（『昭和天皇実録』同日条）。

前述のとおり、マッカーサーは占領統治を円滑に進めるため、天皇制の温存を望みました。そのためには、裕仁が天皇のままであったほうが望ましかったのです。裕仁の弟たちは戦時中にそれぞれ陸軍や海軍と深い関係を持っていたため、彼らが天皇や摂政になったとしたら（秩父宮は病気療養中で実質的には不可能でしたが）、軍部の再台頭を招きかねないリスクがありました。

マッカーサーの意向とは別に、天皇自身が「退位するわけにはいかない」と考えたもう一つの理由として、革命への強い警戒心がありました。

その警戒心の原点となったのは、四六年五月一日――すなわち戦後初のメーデーが行われたときの出来事です。その日、約五〇万人という空前の人数の人々が宮城前広場に集いました。そして、徳田球一（当時・日本共産党書記長）が両手を高く上げて「天皇を打倒しろ！」と叫ぶと、群衆がそれに応えて長い歓呼が起きたといいます（マーク・ゲイン『ニッポン日記』井本威夫訳、ちくま学芸文庫）。

その歓呼の声は、宮内省（現・宮内庁）内廷庁舎御政務室にいた天皇の耳にも届いたはずです。昭和初期には天皇自身が白馬に乗って臣民の歓声に応えた宮城前広場が、戦後は一転して天皇制打倒を叫ぶ群衆に占拠されたのです。天皇はその落差に大きな衝撃を受けたはずです。前年に合法化されたばかりの共産党などの左翼勢力の台頭は、天皇にとってごく身近な、我が身に直接迫る恐怖だったことでしょう。

しかも、天皇は基本的に「お濠の内側」に身を置いています。立場上、自由気ままに外に出るわけにはいきません。だからこそ、左翼勢力の台頭も間接的な情報として知るしかなく、そのことがよけいに恐怖を増幅させた面があるのです。

天皇の「カトリック改宗」はあり得たか？

天皇は、法的な戦争責任追及は免れましたが、当人は重い道義的責任を生涯にわたって感じつづけたはずです。とくに、敗戦から間もなかった時期には、どうすればその責任を取れるのかを延々と考えつづけたのではないでしょうか。

しかし、退位という責任の取り方は、周囲の状況によって封じられてしまいました。「では、それ以外にどんな責任の取り方があるのか？」と考え抜いた果てに、「神道を捨てる」という選択肢が心に浮かび上がってきた――それが私の立てた仮説です。この仮説を当てはめることで、占領期のキリスト教への急接近の説明がつきます。

昭和天皇のキリスト教への接近は、何よりも、神道に対する反省の念が動機となっていたように思われます。教祖もいなければ経典も存在しない神道は、いわば「宗教としての資格」を欠いていると、おそらく天皇は考えたのでしょう。

そのようなエセ宗教に国家の浮沈をかけたがゆえに、日本の破局を招いてしまった。だからこそ、きちんとした教義や神学があるキリスト教から、天皇は改めて真の「祈り」というものを学ぼうとしたのではないでしょうか。そしてそのことによって、自らが宮中祭祀で行う「平和の祈り」を、たんなる形式から文字どおりの「信仰」の域にまで高めようとしたのかもしれません。

「プロローグ」で述べたとおり、「皇室の公式な宗教は神道」というのは明治以降の話であって、それ以前にさかのぼれば必ずしもそうではありません。

昭和天皇は、皇室の長い歴史の中では神道よりも仏教の影響のほうがむしろ強かったこと、出家した天皇も多かったことを、当然知っていました。

明治になってからも、皇后や女官の多くは仏教を捨てませんでした。昭憲皇太后（明治天皇の皇后美子）は日蓮宗の熱心な信者であり、「国家神道」体制の時代にすら法華経信仰を捨てることはなく、明治天皇の死後には冥福を祈るべく、法華経巻八（観音経）の書写に専念したとされています。皇太后節子ですら、「神ながらの道」にのめり込むまでは法華経の熱心な信者であり、観音経をそらんじていました。皇后が他家から嫁いでくる存在である以上、異なる信仰を天皇家に持ち込むことは、昔もいまも当然あり得るわけです。

日蓮降誕の地とされる千葉県鴨川市の日蓮宗大本山小湊誕生寺には、祖師堂に明治天皇の生母、中山慶子《よしこ》や大正天皇の生母、柳原愛子《やなぎわらなるこ》が寄進した仏具類が、本堂に昭憲皇太后の「御内佛《おないぶつ》」、すなわち仏壇が、宝物館に昭憲皇太后に仕えた女官の姉小路《あねがこうじ》良子《よしこ》の筆による写経が、それぞれ展示されています。

大正天皇が死去したときには、貞明皇后の発案で「南無妙法蓮華経」と書かれた紙を多数つくり、柩に収めたという証言があります（「大正天皇御臨終記──初めて世に出る侍医頭の日記」、『文藝春秋』一九五三年一月号所収）。また三笠宮夫妻は、貞明皇后が死去した際、「南無妙法蓮華経」や「南無阿弥陀仏」と書かれた紙を柩に詰めたこと、これは「昔からのおしきたり」であることを述べています（工藤美代子『母宮貞明皇后とその時代──三笠宮両殿下が語る思い出』中央公論新社）。

そのような歴史に鑑《かんが》みれば、明治以降につくられた神道にことさら固執する必然性を、昭和天皇は感じていなかったはずです。むしろ、それ以外の宗教に接近し、そのよい部分を取り入れることで、皇室の存続を確固たるものにしようという意志もあったのかもしれません。

出家した天皇が奈良時代から江戸時代まで連綿と存在したということは、天皇が神道を捨ててキリスト教に改宗したとしても、とくに奇異なふるまいではないことになります。むしろ、「天皇制の古代からの伝統に忠実なふるまい」とさえ、捉えることが可能なのです。すでに述べたように、戦争末期には近衛文麿らが昭和天皇を出家させ、裕仁法皇として仁和寺に住まわせようとした計画までありました。

出家した天皇がたくさんいても、そのことが「万世一系」を断ち切ることはなかったわけですから、かりに昭和天皇がカトリックに改宗しても問題はないはずです。改宗は、天皇制を否定することとイコールではないのです。

一九四六（昭和二十一）年七月から八月にかけて、天皇は側近の木下道雄を九州に派遣し、「九州におけるカトリック教派の状況」を視察させています。木下はその結果を九月七日に報告しています（『昭和天皇実録』同日条）。天皇は安土桃山時代から江戸時代にかけて九州を中心にカトリックが広まったように、敗戦後の日本でもカトリックが広まるかどうかについて無関心ではいられなかったのです。

占領期に宮中で聖書を講じた植村環がプロテスタントであったように、天皇・皇后が親しく接したキリスト教徒はカトリックに限りません。しかし、天皇はかつてローマ法王から「確立した国体・政体の変更を許さない」と念を押されたカトリックへの改宗は考えたとしても、プロテスタントへの改宗はまったく考えなかったと思います。

たとえカトリックに改宗したとしても、天皇はそれを公言しないまま、宮中祭祀をつづけるつもりだったでしょう。従来どおり宮中祭祀もつづけ、個人的にカトリックを信仰する道を選んだと思います。

その場合、カトリックなら宮中祭祀との両立が可能でも、プロテスタントでは両立が難しかったはずです。なぜなら、プロテスタントは偶像崇拝をラディカルに否定するからです。それに対して、カトリックには聖母マリア・聖人信仰があるなど、偶像崇拝もある程度認めています。ゆえに、宮中祭祀とも共存可能だと、天皇は判断したのではないでしょうか。

天皇の退位は認めなかったGHQも、キリスト教への改宗は認めるのではないかと、天皇は「読んだ」のかもしれません。なぜなら、国家神道の解体を意図した神道指令に際しても、GHQは「天皇家が神道を私的に信仰すること」は認めたからです。そのように「信教の自由」という価値を尊重するＧＨＱが、天皇個人の改宗を認めなかったとは考えにくいのです。

天皇の改宗へのモチベーションが最も高まったのは、やはり四八（昭和二十三）年であったと思います。なぜなら、この年に東京裁判の結審と、元首相・東條英機ら七名のＡ級戦犯の死刑執行が立て続けになされたからです。

結審の直後から、裁判長や首席検事は「天皇の不起訴は政治上の理由に基づく」という趣旨のコメントを発していました。また、彼らに言われるまでもなく、天皇は自らが戦犯指定を免れたことが「政治上の判断」であることを、重々承知していました。

天皇にしてみれば、絞首刑に処された七人の戦犯は、「自分の身代わりになって死んでいった」という見方もできます。そのことに対する良心の呵責《かしやく》にかられ、それが改宗したいという思いに結びついたのでしょう。つまり、贖罪《しよくざい》の思いからカトリックに救いを求めたとも思えるのです。

そうした内発的なモチベーションとは別に、天皇にとってカトリックへの改宗は、したたかな戦略としての側面も持っていました。太平洋戦争初期の段階で、天皇が「ローマ法王庁を仲介とする戦争終結の可能性」を模索していたことは、前章で触れました。さらにローマ法王庁に接近してカトリックに改宗することは、表向きはアメリカと協調しつつ、その実アメリカに対抗できる別のチャンネルを確保するという、きわめて政治的な動機もあったはずです。

しかし、占領期のさまざまな動きの中で、天皇がカトリックに改宗する可能性は急速にしぼんでいきます。なぜなら、日本の対外関係は「日米」という枠組みに収束していったからです。

サンフランシスコ講和条約では、独立回復を認める代わりに東京裁判の諸判決もすべて受け入れなければならないとされました。同時に結ばれた「日米安保条約」では、日本の防衛については米軍がすべて肩代わりすることになり、独立を回復しても米軍が引き続き駐留しました。こうした枠組みの中に、天皇も否応なしに放り込まれ、束縛されていったのです。そこではもう、天皇がカトリックに改宗することでヴァチカンとのパイプを強めるという戦略を取る余地は残されていませんでした。

カトリックの学校で学んだ美智子妃

一九五一（昭和二十六）年にサンフランシスコ講和条約と日米安保条約が結ばれると、それ以後、天皇が聖書の講義を受けることもなくなり、公にはカトリックとの関係が薄れていきました。

しかし、独立回復後にも、皇室とカトリックの接点はまだ残っていたのです。たとえば、香淳皇后は、占領期に親しくつきあったカトリックの修道女・聖園テレジアと、独立回復後も面会を続けていました。

また、聖園テレジアが創立した「聖園《みその》女学院」（神奈川県藤沢市）というカトリックの女子校では、昭和天皇の聖心愛子会秋田支部への訪問にも同行した元宮内次官の白根松介が、一時期校長を務めていました。さらに、侍従次長を務めた木下道雄も、一時期同校の顧問を務めていました。白根と木下はカトリック教徒であり、白根は聖心愛子会の幹部も務めていました。

いわば〝皇室関係者の中のカトリック人脈〟である彼らが、カトリックと皇室を結ぶある種のパイプ役となっていたのです。

天皇自身も、戦後巡幸ではカトリックの施設を訪問することがありました。前述した聖心愛子会秋田支部のほかにも、四九（昭和二十四）年六月八日には大分県別府市の「別府小百合愛児園」という、カトリック女子修道会の「扶助者聖母会」（現・サレジアン・シスターズ）が運営する孤児収容施設を訪れ、やはり聖堂の奥まで案内されています。別府小百合愛児園自体はなくなりましたが、建物はいまなお残っていて、その前には「天皇陛下のお言葉　世のあわれな人々をどうぞ救ってあげて下さい　希望します」と刻まれた石碑が建っています。

しかし何より、カトリックと皇室の最大の接点となったのは、正田《しょうだ》美智子《みちこ》を皇室に迎え入れたことでしょう。美智子の祖母に当たる正田きぬは、一九三〇（昭和五）年に前述したフロジャック神父から洗礼を受けています（五十嵐茂雄『フロジャク神父の生涯』アスピランテ）。美智子自身も、カトリックの聖心女子学院で中学高校時代を過ごし、聖心女子大学を卒業しています。

皇太子明仁と正田美智子の婚約に、香淳皇后や旧女性皇族は当初いっせいに反発しました。それは正田美智子が「平民」であったがゆえですが、もう一つ、彼女がカトリックの学校を出たことも問題視されたのでした。

五八（昭和三十三）年十一月二十七日に開かれた「皇室会議」では、当時の宮内庁長官・宇佐《うさ》美毅《みたけし》が「ご本人は洗礼を受けておりません。宗教的問題があるなどというのは世間の思い過ごしです」と説明しています（小倉慈司、山口輝臣『天皇の歴史09巻　天皇と宗教』、講談社）。

皇后や旧女性皇族とは対照的に、昭和天皇は当初から二人の結婚に理解を示し、支持していました。むしろ、カトリックの学校を出た正田美智子を皇室に迎えることを、喜んでいたふしもあります。侍従の入江《いりえ》相政《すけまさ》は、天皇が「美智子さんの事について非常に御期待になつてゐること」を日記に書き留めています（『入江相政日記』第六巻、朝日文庫）。

そのような天皇の姿勢は、当然、皇族たちにも影響を及ぼしました。たとえば、旧皇族の梨本《なしもと》伊都子《いつこ》は、二人の結婚が皇室会議で決まった日の日記に「日本ももうだめだと考えた」などと書き、結婚を批判していました。しかし、天皇が結婚に好意的であることを知り、以後は表立って批判することはなくなるのです。

昭和天皇が神道にこだわりをもっていなかったことは、一九六六（昭和四十一）年一月二十七日にバーのマダムのマンションでマダムとともにガスによる一酸化炭素中毒で死亡した鷹司平通《たかつかさとしみち》に対する追悼の仕方を見てもわかります。鷹司は天皇の第三皇女、和子《かずこ》の婿でしたが、尋常でない死に方をしたわけです。このとき天皇は、二七日や四十九日といった仏教の法要の日に謹慎していたことが、『昭和天皇実録』から明らかになりました。

「それが私の心だ」――靖国参拝をやめた天皇

天皇は、戦後も八回にわたって靖国神社を参拝しました。いちばん最後の参拝は一九七五（昭和五十）年十一月二十一日のことで、その前月には伊勢神宮も参拝しています。天皇が戦後もなお靖国神社や伊勢神宮を参拝しつづけたのは、戦中期の自らの祈りに対する反省があったからでしょう。靖国に祀られた「英霊」に対して、戦勝を祈ったかつての誤ちを悔い改め、平和を祈ったのだと思われます。

ところが、七五年の参拝を最後に、天皇は八九年の死去まで一度も靖国を参拝しませんでした。その背景には、靖国神社が七八（昭和五十三）年十月、松平永芳《まつだいらながよし》宮司のもと、A級戦犯一四人をひそかに合祀したことがあります。その合祀は、翌七九年四月に明るみに出ました。

A級戦犯合祀が靖国参拝をやめる理由であったことは、二〇〇六（平成十八）年七月二十日に『日本経済新聞』が一面トップで報じた、いわゆる「富田《とみた》メモ」（元宮内庁長官・富田朝彦《ともひこ》が、宮内庁次官・長官を務めた時期につけていたメモ）によって明確になりました。そこには、八八（昭和六十三）年四月二十八日の天皇の発言が、次のように記されていたのです。

《私は、或る時に、A級（戦犯）が合祀され、その上、松岡、白取（原文のまま）までもが。（中略）だから、私はあれ以来参拝をしていない。それが私の心だ》

日独伊三国軍事同盟を結ぶなど、戦争への道を準備した松岡洋右《ようすけ》や白鳥敏夫《しらとりとしお》を含むA級戦犯の合祀は、天皇にとって決して受け入れられないことでした。天皇は侍従の徳川義寛に対し、「国のために戦にのぞんで戦死した人々のみ魂を鎮め祭る社であるのに、その性格が変るとお思いになっていること」を語ったといいます（岡野弘彦『昭和天皇御製　四季の歌』同朋舎メディアプラン）。

そしてもう一つ、A級戦犯の合祀が「サンフランシスコ講和条約」の規定に反する行為であることも、天皇にとって受け入れ難い点でした。

前述のように、講和条約は東京裁判の結果をすべて受け入れることを条件に、日本の独立回復を認めるものでした。

A級戦犯は、さきの戦争について重大な責任を負うとして、絞首刑などに処された者たちです。それを一般の戦死者とともに靖国神社に「英霊」として祀ることは、東京裁判の否定であり、講和条約の前提を日本が否定することになります。それは、日米の信頼関係の根幹を毀損《きそん》する重大な行為なのです。

したがって、A級戦犯が合祀されたあとの靖国神社を天皇が参拝することは、いわば独立回復以降の日本の歩みを自ら否定することにつながります。そのようなことが、天皇にできるはずはなかったのです。

宮中祭祀が「見えなくなった」戦後

靖国神社の参拝をやめてからも、昭和天皇は宮中祭祀をつづけました。

ただし一九七〇（昭和四十五）年以降、天皇の体力の衰えをふまえ、侍従長の入江相政の判断で、宮中祭祀の負担は減らしていきます。最も重要な宮中祭祀であり、「夕の儀《よい》」と「暁の儀」からなる新嘗祭も、七〇年以降は「夕の儀」だけを自ら行うようになります。

入江の八二（昭和五十七）年六月二十九日の日記には、「明年からお祭すべてお止めといふことですつかりお許を得る」と、宮中祭祀を一切やめるように進言し、天皇も同意したことが綴られています（前掲『入江相政日記』第十一巻）。しかし、天皇自身は新嘗祭の「夕の儀」だけは自ら行うことにこだわり、入江の進言に反して八三年以降も行いつづけたのでした。

天皇自らがそのようにこだわりつづけた宮中祭祀ですが、それはあくまで「お濠の内側」の出来事であって、その事実が大きく報じられることはありませんでした。そこが、戦前と戦後の大きな違いです。

戦前においては、宮中祭祀は公的なものであり、新聞にも大きく報じられるなど、国民にとっても大きな意味を持っていました。戦中期には、とくにそうでした。たとえば新嘗祭の翌日には、新聞はその様子を一面で大きく報じたのです。

そもそも、戦前には祝祭日の名称と宮中祭祀の名称が一致していました。いまでは「勤労感謝の日」になっている十一月二十三日は、戦前にはずばり「新嘗祭」という名の祭日でした。また、二月十一日は「紀元節」で、その日には「紀元節祭」という祭祀が宮中で執り行われていたのです。

戦後は一転して、宮中祭祀が天皇家の私的な行事となります。祝祭日の名称も変わり、消えた祭日もいくつかあります。一月三日の元始祭、四月三日の神武天皇祭、十月十七日の神嘗祭、十二月二十五日の大正天皇祭などの祭日はなくなりました。十一月三日の明治節や十一月二十三日の新嘗祭もなくなりましたが、引き続き「文化の日」や「勤労感謝の日」となり、いったんなくなった二月十一日の紀元節も一九六六（昭和四十一）年に「建国記念の日」として復活しました。

いまでは、勤労感謝の日に宮中で新嘗祭が行われていることなど、一般にはほとんど知られてすらいないでしょう。戦後、神社の国家管理は廃止されても皇室神道は温存され、戦前とほぼ変わらない宮中祭祀が続いているにもかかわらず、国民には「見えなくなった」のが、戦後という時代でした。

しかし正確にいえば、新嘗祭などの大祭には首相をはじめとする三権の長や閣僚も参列しますから、完全に私的な行事になったわけではなく、「見えなくなった」わけでもないのです。しかも天皇は、決して皇室の繁栄だけを祈っているわけではなく、国民の平安を祈っていることになっている。つまり祈りの中身自体が公的な意味をもっているとも言えるのです。

第2部

平成の天皇と宗教

東日本大震災で被災した宮城県南三陸町を訪れ、黙礼する明仁・美智子夫妻
©共同

第4章　災害と祈り

「行幸啓」を中心としたスタイル

昭和天皇は、「統治権の総攬者」であった戦前・戦中から、戦後に国の「象徴」へと役割を転換しました。その後を継いだ天皇明仁は、即位の時点から「象徴」であった初の天皇です。けれども、「象徴」についての具体的な定義は日本国憲法にはありません。

では天皇明仁は「象徴」についてどう考えているのか。その中核となるのは、憲法に規定されていない宮中祭祀を通じた「祈り」と行幸啓（天皇・皇后が揃って外出すること）です。二〇一六（平成二十八）年八月八日にビデオメッセージの形で国民に向けて語られた言葉（「象徴としてのお務めについての天皇陛下のおことば」）で、天皇はこう述べています。

《私はこれまで天皇の務めとして、何よりもまず国民の安寧と幸せを祈ることを大切に考えて来ましたが、同時に事にあたっては、時として人々の傍らに立ち、その声に耳を傾け、思いに寄り添うことも大切なことと考えて来ました》（宮内庁ホームページ）

この言葉のとおり、天皇明仁と皇后美智子は、宮中祭祀と行幸啓に大変熱心です。護憲を公然と唱える天皇が宮中祭祀に熱心だというのは、一般的イメージからすると意外かもしれません。しかし天皇明仁は、八十五歳で退位するまでほとんど代拝をさせず、宮中祭祀に熱心に取り組んできました。

皇后美智子も、宮中祭祀のある日には天皇とともに必ず出席してきました。しだいに欠席が多くなりましたが、その際も外出せずに謹慎し、祭祀を重んじる姿勢を貫いています。宮中祭祀も行幸も、明治になってほとんど新たに作られたり、大々的に復活したりしたものです。そして戦後の象徴天皇制のもとでもほぼそっくり受け継がれ、平成になるとますます盛んになりました。

昭和天皇も、「象徴」となった戦後には、全国各地への行幸を重んじました。一九四六

（昭和二十一）年から五四（昭和二十九）年まで行われた「戦後巡幸」で、天皇は復帰前だった沖縄を除く全国を回り、病院や戦災孤児の施設などを数多く回りました。

しかし、昭和天皇と天皇明仁では違いもありました。それは、昭和天皇の行幸には皇后が同行する場合と同行しない場合があったのに対して、天皇明仁は一九五九年の結婚以来、ほぼ必ず皇后美智子と一緒に外国を含む行啓や行幸啓を行ってきたという点です。

前述の戦後巡幸のうち、香淳皇后が同行したのは四七年の栃木行幸と五四年の北海道巡幸くらいで、ほとんどは天皇が単独で行いました。国民体育大会や全国植樹祭など、戦後新たに始められた定例の行幸には皇后も同行しましたが、皇后が体調を崩した七〇年代後半以降は再び天皇単独による行幸が多くなりました。

昭和期に比べ、平成は皇后の存在感が桁違いに増した時代なのです。

天皇明仁は、即位からの一五年間――すなわち平成前半のうちに、全国四七都道府県すべてを訪問しました。そして、二〇一七（平成二十九）年十一月の鹿児島訪問によって、ついに全国二巡を達成しました。皇后美智子もまた皇后として、一九九三年十月に失声症となったために訪問できなかった香川県を除くすべての都道府県を、天皇とともに二回以上訪れています。

このこと自体が行幸啓を重視してきた証左ですが、じつは二人は皇太子（妃）時代にも、すでに全都道府県を一巡していたのです。

二人が結婚したのは五九（昭和三十四）年四月。翌六〇年二月には浩宮《ひろのみや》（徳仁《なるひと》親王）が誕生します。この年の九月から十月にかけて、二人は初めての海外行啓として米国を訪れ、十一月から十二月にかけてはイラン、エチオピア、インド、ネパールを訪れています。そして六一年からは、堰《せき》を切ったように、国内の各地を回るようになります。

たんに回数が多いというだけではなく、皇太子（妃）時代の行啓には、昭和天皇と香淳皇后とは異なる新しいスタイルが取り入れられていました。

初めての本格的な地方視察は、六一年の長野県行啓でした。その際、穂《ほ》高町《たかまち》（現・安《あ》曇《づみ》野《の》市）の養護施設（現・養護老人ホーム）「安曇寮」を訪問し、各部屋を回ってお年寄りに声をかけたのですが、そのときの新聞の写真を見ると、皇太子妃はその場にひざまずき、お年寄りの手を取り、顔を近づけて語りかけているのです。つまり、現在の行幸啓で取るようなスタイルを、最初の行啓から彼女は自然に行っていたわけです。このひざまずくというスタイルに、カトリックからの影響を読みとることができます。

いっぽう、同じ訪問の写真では、皇太子はまだ横に立っていて、ひざまずいてはいません。それは、両親――昭和天皇・香淳皇后が行幸啓に際してそのような態度を取ったことがなかったためでしょう。皇太子妃がひざまずき、国民と同じ目線の高さで語りかけたとは、当時においては型破りだったのです。

ところが、毎年の行啓に関する報道を見ていくと、一九六〇年代後半から、皇太子も福祉施設などで皇太子妃と同じようにひざまずいています。そして、二人で一緒にしゃがんで、人々に声をかけているのです。これは間違いなく皇太子妃からの感化によるものでしょう。

つまり、後に「平成流」と呼ばれることになるスタイルは、一見皇太子の後ろに美智子妃がつき従いながら、実際には美智子妃が主導する形で、一九六〇年代後半の段階で土台ができていたのです。

復古的な動きへの、ひそやかな抵抗

皇太子夫妻が公務として開会式に出席することが決まっていた定例の行啓があります。たとえば、国民体育大会の冬季・夏季大会、全国高校総体、全国身障者スポーツ大会、全国豊かな海づくり大会、全国育樹祭などです。

一九六〇年代以降、皇太子夫妻は、これらの行事の開催に合わせて、各地を訪問しました。それだけではありません。訪れた道府県にある福祉施設に足を運んだのです。全体の日程を見れば、行事への出席のほうが「従」で、福祉施設訪問のほうがむしろ「主」でした。そう感じさせるほど精力的・重点的に、二人は福祉施設を訪れています。

一口に福祉施設と言っても、その内実は多様でした。老人ホーム、聾《ろう》学校・盲学校、重度障害者施設、児童養護施設、ハンセン病療養所など、あらゆる福祉施設をくまなく回っています。確かに、昭和天皇や香淳皇后も、定例の行幸啓である国民体育大会や全国植樹祭の開会式への出席に付随して福祉施設を訪れたことはありましたが、これほど徹底的に回ることはありませんでした。

皇太子夫妻が昭和天皇や香淳皇后とは異なる行啓のスタイルを確立させていったのに対し、一九八〇年代には右派による「揺り戻し」の動きが活発になりました。その動きを主に推し進めたのは、八一（昭和五十六）年に発足した「日本を守る国民会議」（現在の「日本会議」の前身）でした。

「日本を守る国民会議」は、各県で結成された「日本を守る県民会議」とともに、八七（昭和六十二）年以降、天皇の行幸や皇太子夫妻の行啓に際しての「提灯奉迎《ちょうちんほうげい》」を復活させました。

「提灯奉迎」とは、行幸啓（行啓）で地方に赴いた天皇（皇太子）・皇后（皇太子妃）を、提灯行列で出迎えるものです。

行幸啓では、天皇・皇后はホテルの最上階に近い部屋に泊まることが多いものです。「提灯奉迎」ではその部屋に向かって皆で提灯を振り上げ、万歳を叫びます。すると、天皇・皇后はその声に応え、自室の灯りを消して提灯を掲げます。一対の提灯の灯りが部屋の窓に浮かび上がると、行列の面々は興奮し、「君が代」を皆で斉唱したりする……そのように、あたかも戦前が甦ったような復古的儀式なのです。

こうした「揺り戻し」は、皇太子夫妻の行啓にも波及しました。一九八八年五月、二人が昭和天皇の名代として全国植樹祭に出席するため香川県を訪れた際、宿泊していた高松市のホテルで提灯奉迎が行われたのです。

昭和の終わりに生じたそのような復古的空気は、平成に入っても引き継がれていきました。天皇明仁と皇后美智子の行幸啓に際しても、各地で提灯奉迎が行われ、恒例化していったからです。

背景には、右派の人々の危機意識があったでしょう。昭和天皇の不在によって、戦前のような、国民から距離をおく権威的な天皇像というものが、完全に消え去ってしまうかもしれない――そんな危機感があったからこそ、そうした天皇像をなくさないために、平成に入っても提灯奉迎が継続されたのでしょう。

天皇と皇后も、表面上は、提灯奉迎などの動きを拒絶することはありませんでした。拒絶しない代わりに、権威的な天皇像とは正反対の天皇像を、自ら積極的に作り出していったのです。それが、行幸啓における、国民の前にひざまずいて、同じ目の高さで一人ひとりに声をかけるスタイルでした。

そのスタイルは、九一（平成三）年に長崎県で起こった雲仙普賢岳《うんぜんふげんだけ》の大火砕流《だいかさいりゅう》以来、天皇と皇后が被災地を訪れるたびにくり返し報道され、すっかりおなじみのものとなりました。

一方、提灯奉迎のような行動は、マスメディアではあまり報道されません。せいぜい地元の新聞や、『産経新聞』のような一部の全国紙が報じるのみなのです。そのような「報道の非対称性」によって、復古的な動きはいわば捨象され、国民に寄り添う天皇・皇后の姿ばかりが、人々の目に焼き付けられていきました。

平成の三〇年間を通じて天皇・皇后が積み重ねてきた行幸啓、なかでも被災地への訪問には、そのような〝効果〟があったと思います。それは、八〇年代後半からあらわになってきた復古的な動きに対する、天皇と皇后のひそやかな抵抗でもあったと、私は感じています。

被災地への「祈りの旅」に秘められた覚悟

平成は、阪神・淡路大震災（一九九五／平成七年）や東日本大震災（二〇一一／平成二十三年）に代表されるように、大きな災害が相次いだ時代でした。被災地への行幸啓によって、天皇・皇后が大きく存在感を増してきた時代ともいえます。天皇・皇后の被災地訪問が慣例化したのは、平成になってからなのです。

天皇・皇后は、皇太子（妃）時代の一九八六（昭和六十一）年に起きた三原山《みはらやま》噴火の際にも、島民が避難していた都内の体育館に赴き、被災者を激励しています。ただ、これは避難先の訪問であり、被災地そのものを訪れたわけではありません。

被災地訪問の端緒となったのは、前述したように、九一（平成三）年六月の雲仙普賢岳噴火のときです。大火砕流が発生し、死者・行方不明者が四三名にのぼった大災害でした。天皇・皇后は翌七月に被災地の島原市や深江町（現・南島原市）などに赴き、被災者が収容されていた体育館で、二手に分かれ、二人ともひざまずいて一人ひとりに話しかけました。「平成流」の行幸啓が、初めて被災地で行われた瞬間でした。

このときから、天皇・皇后は大きな災害のたびに被災地に赴くようになります。たとえば、九三（平成五）年に北海道・奥尻島《おくしりとう》で起きた地震（北海道南西沖地震）、九五年の阪神・淡路大震災、二〇〇四（平成十六）年の新潟県中越地震などです。

大きな災害のたびにくり返してきた被災地訪問は、あたりまえのことですが、定例の行幸啓ではありません。だからこそ、そこには天皇・皇后の意向がかなり強く作用していたはずです。

災害や空襲の被災地を天皇・皇后が訪れることは、それ以前からありました。たとえば、一九二三（大正十二）年の関東大震災に際しては、摂政だった昭和天皇が東京、横浜、横須賀の被災地を回っていますし、貞明皇后もまた栃木県日光の御用邸から上京し、東京と横浜の被災地を訪問しています。また四五（昭和二十）年三月十日の東京大空襲に際しては、昭和天皇が深川、本所、浅草、下谷、本郷、神田の各区を自動車で回っています（『昭和天皇実録』同年三月十八日条）。

ただし、昭和天皇や貞明皇后は、被災者が収容された場所に直接赴き、一人ひとりに声をかけたわけではありません。その意味で、平成の天皇・皇后が被災地で積み重ねてきた行動とは、本質的に異なるものだったと思います。

天皇・皇后の被災地訪問は、はじめからすべての国民に好意的に受け止められてきたわけではありません。「天皇なんか来てくれても何にもならない」「それよりも仮設住宅を早く」といった声もありましたし、戦前のような権威的な天皇を懐かしむ人たちから、批判も寄せられてきたのです。

そのうち最も有名なのは、文芸評論家で「日本を守る国民会議」の代表委員だった江藤《えとう》淳《じゅん》が、阪神・淡路大震災後に行った〝天皇批判〟でしょう。『文藝春秋』一九九五（平成七）年三月号に、「皇室にあえて問う」という江藤の文章が掲載されました。それは、阪神・淡路大震災にあたっての皇室の対応を批判したものでした。その中で彼は、天皇・皇后の被災地訪問それ自体の意義は認めながらも、ひざまずいて被災者に語りかけるスタイルに疑問を呈しています。

《何もひざまずく必要はない。被災者と同じ目線である必要もない。現行憲法上も特別な地位に立っておられる方々であってみれば、立ったままで構わない。馬上であろうと車上であろうと良いのです。国民に愛されようとする必要も一切ない。国民の気持をあれこれ忖度されることすら要らない》

『文藝春秋』の翌月号には、宮内庁から江藤への反論も掲載されました。それはともかく、保守派の論客として知られた江藤のこうした批判は、「平成流」の行幸啓を批判的に見る人も少なくないという事実を浮かび上がらせました。

戦前の昭和天皇、ひいては明治天皇を理想化し、「天皇は仰ぎ見る存在であってほしい」と願う右派の人々にとって、天皇明仁と皇后美智子はあまりにも国民に近づきすぎていると感じられたのでしょう。

ところが、こうした状況を一挙に変えたのが、二〇一一（平成二十三）年三月十一日に起こった東日本大震災でした。天皇と皇后は七週連続で東京都、埼玉県、千葉県、茨城県、宮城県、岩手県、福島県の被災地や避難所を日帰りで回りました。もちろんこのときも二手に分かれてひざまずき、一人ひとりの被災者に声をかける「平成流」のスタイルが貫かれましたが、被災者はもちろん、右派からの批判も全くと言ってよいほどありませんでした。

そもそも日帰りの行幸啓では、提灯奉迎はやりたくてもできません。提灯奉迎自体はその後も定例の行幸啓のたびに続きましたが、右派のもくろみは結局挫折したと言わざるを得ません。

光明皇后が戦後のロールモデル

第1章で、貞明皇后は自らを神功皇后と光明皇后に重ね合わせていたと述べました。「戦う皇后」であった神功皇后と、「慈母」のイメージが強い光明皇后は、同じく皇后でありながら正反対の性質を持っています。

しかし、敗戦によって「神功皇后モデル」は失墜し、無効化されました。戦後の平和主義のもとでは、皇后が神功皇后を自らのロールモデルとすること自体、許されなくなるのです。学校現場でも、神功皇后の「三韓征伐」を史実として教えることはなくなりました。

それに対して、光明皇后は依然として歴史の教科書に出てきます。「光明皇后モデル」は戦後もなお有効で、生き残っています。生き残るどころか、戦後においてこそ、光明皇后は現実の皇后、ひいては天皇のロールモデルにもなり得る存在なのです。

戦後巡幸で、昭和天皇は各地の病院、療養所、福祉施設などを活発に訪問しました。戦前のような軍事施設への訪問がなくなる代わりに、福祉の側に役割をシフトさせたわけです。明治から昭和初期にかけては、それらの施設は皇后や女性皇族が積極的に訪れていました。戦後の天皇は、大元帥でなくなった結果、いわば「皇后化」したのです。

だからこそ、奈良時代において、いまでいう福祉施設の設置や慈善活動に熱心だった光明皇后は、現在もロールモデルたり得るのです。

美智子妃は、一九六三（昭和三十八）年三月に二度目の懐妊をした際、異常妊娠が判明し、宮内庁病院に入院して手術を受けました。この第二子の流産後、美智子妃は同年四月から七月にかけて葉山御用邸で静養します。その間に一〇キロ近くもやせ細り、精神的危機に陥ったとされています。

危機から脱するきっかけとなったのが、九月に国民体育大会夏季大会の開会式に出席するため、皇太子とともに山口県を訪れたことでした。美智子妃は、宇部ゴルフ観光ホテルで三人の保健婦や栄養士と一時間五〇分にわたって懇談したほか、山口県農協会館で皇太子も臨席して二三人の農村青年と四〇分にわたって懇談しました。御用邸に引きこもらず、外に出て人々と対話し、「言葉の力」によって危機を乗り越えたのです。

もう一つ、美智子妃にとって重要な出会いがありました。精神科医で、エッセイスト・翻訳家でもある神谷美恵子《かみやみえこ》です。

神谷は、皇太子や美智子妃にフランス語や西洋古典を進講した前田陽一の妹でした。また、いまも読み継がれる名著『生きがいについて』（みすず書房）などで知られるとおり、ハンセン病患者に対する献身的治療でも知られていました。神谷は兵庫県芦屋《あしや》の自宅と瀬戸内海に浮かぶ岡山県長島のハンセン病療養所「長島愛生園《あいせいえん》」の間を往復する生活を長年つづけ、のちに同園の精神科医長にもなりました。

この神谷美恵子が、美智子妃の「相談役」に選ばれたのです。それは、元宮内庁長官・田島道治《みちじ》の推挙によるものでした。美智子妃と神谷は一九六五（昭和四十）年十月に初めて会い、以来、神谷が上京するたびに会うことが多くなりました。二人の交流は、神谷が病気で倒れる七二年まで続きました。

すでに触れたとおり、光明皇后には重症のハンセン病患者の傷の膿《うみ》を自らなめたという伝説があります。神谷美恵子を通じてハンセン病患者の世界に深く触れたことが、皇太子妃が光明皇后に自らのモデルを見出す、一つのきっかけになったのではないでしょうか。しかも、光明皇后は日本史上初めて、皇族以外から嫁いだ皇后でした。そのことも、民間から嫁いだ初の皇太子妃である自分と重ね合わせる一因となったのでしょう。

貞明皇后がそうであったように、外から嫁いでくる皇后にとっては、「万世一系」に相当する「あらかじめ用意された絆」がありません。だからこそ、過去の皇族との絆は、白らモデルを見出して心を重ね合わせていくことで「作る」しかないのです。そのモデルが、美智子妃にとっては光明皇后であったのでしょう。

ハンセン病隔離政策への「贖罪の祈り」

美智子妃の光明皇后への思いについては、「皇后としてのロールモデル」を見出すという意味とともに、もう一つの重い意味が秘められていたと、私は考えています。その意味とは、平成まで長年つづいた「ハンセン病患者強制終身隔離政策」に、皇室も責任の一端を負っているということです。

じつは、ハンセン病患者側からは神谷美恵子を批判する声もありました。なぜかといえば、神谷は終生、ハンセン病患者を隔離すること自体には異を唱えなかったからです。

神谷が通いつづけたハンセン病患者施設「長島愛生園」を創設したのは、光田健輔《みつだけんすけ》です。光田は病理学者・皮膚科医で、ハンセン病治療に生涯を捧げた「救癩《きゅうらい》の父」ですが、その一方では患者の絶対隔離政策を強力に推進した人物でもあります。

光田は、長島愛生園に移る以前は、東京・東村山村（現・東村山市）のハンセン病施設「全生病院《ぜんせいびょういん》」（現・国立療養所多磨全生園《たまぜんしょうえん》）の院長を、明治の末から二〇年以上にわたって務めていました。しかし、全生病院では収容されたハンセン病患者の脱走が相次いだため、「できれば大きな一つの島に、日本中のライ（ハンセン病患者――引用者注）を集める」（『愛生園日記 ライとたたかった六十年の記録』毎日新聞社）という発想で作られたのが、瀬戸内海に浮かぶ長島の「長島愛生園」だったのです。

神谷美恵子は、そんな光田を終生尊敬しつづけました。彼女が隔離政策に異を唱えなかったのは、光田からの影響によるところが大きいのです。

戦時中には、すでにハンセン病の特効薬「プロミン」がアメリカで開発されていました。日本でもハンセン病はもはや「不治の病」ではなく、薬で治る病気になっていたのです。

一九四七（昭和二十二）年には、プロミンによる治療が始まっています。戦後の隔離政策は、本来なら必要のないものでした。

ところが、光田は戦後もずっと、強制隔離の必要性を強く主張しつづけました。そのことが、隔離が長年つづいた要因の一つだったのです。

光田は、なぜ隔離政策に固執したのでしょうか？　それは、光明皇后に自らを重ね合わせた貞明皇后が、ハンセン病患者救済にも深く関わったことで、結果的に光田に対して「お墨付き」を与えることになったからです。

貞明皇后は、皇太后になってから、ハンセン病患者の施設などに、多額の御下賜金を何度も与えています。三一（昭和六）年に皇太后が深く関わって設立された「癩予防協会」は、絶対隔離政策を支持する世論作りに大きな役割を果たしました。皇太后が「癩患者を慰めて」と題して詠んだ「つれづれの友となりても慰めよ　行くことかたきわれにかはりて」という和歌が記された歌碑は、いまも多くのハンセン病療養所に残っています。ハンセン病患者隔離政策に、皇室が一定の役割を果たしてしまったことは否定できないのです。

光田は、皇太后に呼ばれて宮中に赴き、直接激励されたこともあります。そのような「お墨付き」は、光田の心に過剰な自信を植え付けたのではないでしょうか。その自信が戦後になっても維持されたからこそ、強硬に強制隔離を主張しつづけたのです。

強制隔離を是とする「らい予防法」が廃止されたのは、九六（平成八）年のことでした。それまでずっと、ハンセン病患者たちは不当な隔離と差別にさらされ、苦しめられてきました。その歴史は、天皇明仁と皇后美智子から見れば、貞明皇后が残した「負の遺産」だったのです。

じっさい、厚生労働省の第三者機関「ハンセン病問題に関する検証会議」が二〇〇五（平成十七）年にまとめた最終報告書には、「患者は皇室の権威を借りて排除された事実も指摘しなければならない」と記されていたのです。そのことは、とくに皇后にとって重い意味を持ったはずです。

天皇・皇后は、皇太子（妃）時代の一九六八（昭和四十三）年に、鹿児島県奄美大島のハンセン病施設「奄美和光園」を訪問しました。これが、二人にとって初めてのハンセン病施設訪問です。

このとき二人は施設の中にまで入り、入所者に親しく声をかけました。ハンセン病患者救済に深く関わった皇太后節子が、施設内には一度も入らず、せいぜい一九四八（昭和二十三）年に埼玉県を訪れる途上、多磨全生園の前で車を一時的に駐めただけだったのとは対照的でした。

奄美和光園の入所者の一人だった金城睦元は、皇太子夫妻に面会したときの感激を次のように綴っています。


《らいは穢い、らいは醜い、らいは怖い、らいは忌わしい、このような怨嗟の声、呪いの声に追われて、頑くなに自（ら）の心を塞いで来た（中略）が、皇太子様や同妃殿下様から直々に御声を賜わることがあろうなどとは夢にも思わなかったことだった》（『皇太子殿下皇太子妃殿下行啓記念誌』国立療養所奄美和光園）

この言葉に、光明皇后がハンセン病患者に接した慈愛のエピソードを、思い出さずにはいられません。まさにこのとき、金城は目の前にいる皇太子妃を光明皇后と重ね合わせていたのかもしれません。

奄美和光園訪問を発端として、明仁・美智子夫妻はそれから長い年月をかけて、各地のハンセン病施設を訪問していきました。

二〇〇四（平成十六）年に海上から視察した香川県の大島青松園《おおしませいしょうえん》を含めて、二人が全国のハンセン病施設をすべて（国立一三、私立一の計一四施設）訪問し、施設入所者との面会を果たし終えたのは、一四年七月のこと。訪問を始めてから、じつに四六年もの歳月が流れていました。

天皇・皇后は、なぜここまでハンセン病施設訪問にこだわったのか？　そこにはやはり、隔離政策に貞明皇后が関わったことに対する「贖罪の念」があるでしょう。それは次に述べる、昭和天皇の戦争終結の判断が遅れたことで、唯一の地上戦である沖縄戦を招いてしまったことに対する「贖罪の念」とも無関係ではないと思います。

沖縄に心を寄せつづけた天皇

昭和天皇と天皇明仁の相違点の一つとして、「沖縄に対する思い」の違いが挙げられると思います。端的に言えば、天皇明仁は皇太子時代から沖縄に深く思いを寄せつづけたのに対して、昭和天皇にはそれほどの思いはなかったように思えるのです。

昭和天皇は、皇太子時代の訪欧の途上、沖縄に立ち寄っています。与那原《よなばる》から鉄道に乗り（戦前まで沖縄には鉄道がありました）、那覇と首里《しゅり》に赴いたのです。これが、昭和天皇にとっては生涯唯一の沖縄訪問になります。

じつは、一九八七（昭和六十二）年の秋に沖縄で国体が開催されるのに伴い、初めての沖縄行幸が予定されていました。しかし、九月になって天皇の体調が悪化し、侍医らが腸の手術を決めたことで、沖縄行幸は幻に終わりました。天皇の名代として、皇太子夫妻が沖縄を訪問したのです。

同年四月、昭和天皇は誕生日の会見で、「念願の沖縄訪問が実現することになったならば、戦没者の霊を慰め、長年の県民の苦労をねぎらいたい」とコメントしています。この言葉を見ると、昭和天皇も沖縄に思いを寄せていたように見えますが、一九四五年の沖縄戦を招いた理由の一端は、明らかに「一撃講和論」に固執する天皇の姿勢にありました。天皇明仁が皇太子時代からくり返し沖縄を訪れているのは、おそらく自分の父親が関わった「負の遺産」を強く意識しているからでしょう。

昭和期に五回、平成期に六回、計一一回、明仁・美智子夫妻は二人で沖縄を訪問しています。一一回の沖縄訪問のうち、とりわけ重い意味を持ったのは、初めての行啓に当たる七五（昭和五十）年の訪問でしょう。

訪問は、この年に開かれた「沖縄海洋博」に合わせてのものでした。これは「皇族による戦後初の沖縄訪問」であり、皇太子夫妻は戦没者への献花のため、糸満市《いとまん》にある「ひめゆりの塔」を訪れました。

ところが、「ひめゆりの塔」訪問に際し、近くに潜んでいた新左翼系過激派組織のメンバーが、献花直後の皇太子夫妻に火炎瓶を投げつけるというテロ事件が起こります（「ひめゆりの塔事件」）。二人にケガはなかったものの、「沖縄戦の犠牲者に哀悼の意を表したい」という皇太子の思いは踏みにじられる結果となったのです。

ただ、皇太子としては、「自分が沖縄に行けば、そのような危険もあり得るだろう」という覚悟は、ある程度していたと思います。テロ事件が起きたその日のうちに発表された皇太子の談話の次の言葉が、その覚悟を示しています。

《（沖縄戦で）払われた多くの尊い犠牲は、一時《いっとき》の行為や言葉によってあがなえるものではなく、人々が長い年月をかけて、これを記憶し、一人ひとり、深い内省の中にあって、この地に心を寄せ続けていくことをおいて考えられません》（『朝日新聞』一九七五年七月十八日）

皇太子夫妻を狙ったテロは、本土では当然、卑劣な暴力行為として糾弾されました。しかし沖縄では、テロを起こした過激派を支持する声も、けっして少数派ではなかったのです。地元紙にも、公然と支持の声が報じられました。沖縄の人々の天皇への思いは、それほど複雑なものだったのです。

皇太子も、そうした事情は理解していたでしょう。そのうえで、テロ事件翌年の七六（昭和五十一）年にもあえて沖縄を再訪し、海洋博の閉会式に参加したのでした。このときにはやはり沖縄戦の激戦地であった伊江島《いえじま》を、美智子妃と二人で真っ先に訪れています。

皇太子時代も即位後も、天皇明仁は沖縄を訪問した際には必ず美智子妃と二人で沖縄戦の激戦地に赴いてきました。ひめゆりの塔を含む「南部戦跡」しかり、伊江島しかり、久米島しかりです。

このことは、天皇明仁にとっての沖縄訪問が持つ意味を、如実に示しています。悲惨な地上戦が戦われた沖縄の戦没者への、慰霊の祈り、そしておそらくは、父・昭和天皇が戦争終結を引き延ばしたがゆえに犠牲となった人々への贖罪の祈りも、そのつど捧げられているのだと思います。

毎年六月二十三日の沖縄県「慰霊の日」（沖縄戦終結の日）には、「沖縄全戦没者追悼式」が行われます。かつては、その模様が全国にテレビ中継されることはありませんでした。

それが現在のようにＮＨＫテレビでも中継されるようになったのは、一九八一（昭和五十六）年八月七日の定例会見での皇太子の発言がきっかけだったと言われています。それは、「どうしても記憶しなければならないことが四つあると思います」として、終戦の日、広島の原爆の日、長崎の原爆の日と並んで「6月23日の沖縄の戦いの終結の日」を挙げたことでした（薗部英一編『新天皇家の自画像　記者会見全記録』文春文庫）。

皇太子徳仁は、一九九三（平成五）年二月の誕生日に際して、「6月23日の沖縄戦終結の日には家族全員でもって黙祷を捧げている、こういったことも両陛下のお考えによるものであります」と述べています（宮内庁ホームページ）。

一方、『昭和天皇実録』を見ると、昭和天皇は七〇年代以降、原爆投下の日である八月六日、八月九日には謹慎するようになったのに対して、六月二十三日に謹慎することはありませんでした。昭和天皇にとって、沖縄戦とはあくまでも四一（昭和十六）年十二月に始まる太平洋戦争の一部にすぎなかったと思われます。

沖縄の人々が昭和天皇に対して抱いている複雑な思いは、沖縄戦についてだけのものではありません。戦後の米軍基地問題をめぐっても、同様の思いがあるのです。

それは、七九（昭和五十四）年にアメリカ国立公文書館で発見された、「沖縄メッセージ」

と通称される文書に起因しています。その文書は、四七（昭和二十二）年九月、昭和天皇が側近の寺崎英成《てらさきひでなり》を通じ、GHQ外交局長であったウィリアム・ジョセフ・シーボルドに伝えたとされる意向を記録したものでした。

そこには、「米国が沖縄及び他の琉球諸島の軍事占領を継続すること」を天皇が希望していること、「その占領は米国の利益となり、また日本を保護することにもなる」と天皇が考えていること、さらに、「米国による沖縄等の軍事占領は、日本に主権を残しつつ、長期貸与の形をとるべきである」と感じていることが書かれていました。

平たく言えば、昭和天皇がマッカーサーに対して、「沖縄を米軍にずっと貸し与えるから、その代わり日本を守ってくれ」というメッセージを伝えていたわけです。

現在、日本全体の一％《パーセント》に満たない面積しか持たない沖縄県に、在日米軍基地の七〇％《パーセント》以上が集中しています。その要因の一つが、天皇が戦後間もない段階でそれを容認したことにあったわけです。

この「沖縄メッセージ」は、沖縄の人々に衝撃を与えました。天皇が戦争終結の判断を遅らせたがゆえに、県民の四人に一人が亡くなったと言われる凄惨な沖縄戦が起きた。にもかかわらず、占領期にもなお、天皇は沖縄を〝捨て石〟として本土を守ろうと考えたのです。そのことに対する反発は、メッセージが発見されてから約四〇年がすぎたいまなお、県民の心に根深く残っています。

天皇明仁が沖縄に思いを寄せつづけ、皇后とともに訪問して慰霊を重ねてきたのも、戦中期にとどまらない昭和天皇の沖縄に対する態度を強く意識しているからではないでしょうか。

こうした言動の積み重ねによって、近年ようやく変化の兆《きざ》しが現れてきました。その変化を象徴的に示すのが、天皇・皇后としての最後の沖縄訪問（二〇一八年三月）に際して、『沖縄タイムス』が七五年の「ひめゆりの塔事件」の際の皇太子の談話を再録したことです。「この地（沖縄）に心を寄せ続けていくこと」を黙々とつづけてきた天皇と皇后の思いが、沖縄の人々の心を動かしつつあるのです。

「慰霊の旅」の問題点

明仁・美智子夫妻は、平成になると、沖縄に限らず、さきの戦争の激戦地を数多く訪問するようになります。それらは俗に「慰霊の旅」と総称されています。

日本国内で言えば、一九九四（平成六）年の硫黄島《いおうとう》への訪問が挙げられます。いちおう東京都小笠原村に属するとはいえ、硫黄島は海上自衛隊と航空自衛隊の基地が置かれているため、民間人の上陸は原則として禁じられています。そこをあえて訪問したのです。四五（昭和二十）年二月から三月にかけての「硫黄島の戦い」で、二万人を超える日本兵、七〇〇〇人近い米兵が命を落としたこの島で、天皇・皇后は「天山慰霊碑」や「鎮魂の丘」を拝礼しました。

海外への「慰霊の旅」としては、戦後六〇年に当たる二〇〇五（平成十七）年のサイパン島訪問、戦後七〇年に当たる一五（平成二十七）年のパラオ共和国のペリリュー島訪問が、重要な意義を持つ代表例として挙げられるでしょう。サイパン島訪問では、日本人戦没者のみならず、米兵の戦死者、島民の犠牲者、飛行場建設などのため送り込まれた朝鮮人の犠牲者など、この地におけるすべての戦没者に対する追悼という姿勢が貫かれました。

宮内庁長官だった羽毛田信吾《はけたしんご》は、「慰霊の旅」について、「外国訪問は基本的に受身のことが多いが、この件に関しては、陛下の非常に強いご希望があり、その意味で異例な外国訪問だったと思う」と述懐しています（ロイター／二〇一八年八月十三日）。一六（平成二十八）年には、皇太子（妃）時代の一九六二（昭和三十七）年に一度訪問しているフィリピンのルソン島を二人で再訪しています。

高齢に加え、心臓手術や前立腺がんも経験した天皇明仁が、その身体を押して皇后美智子とともに激戦地訪問をつづけてきたことに、強いこだわりを感じます。それは、戦没者の慰霊が「象徴としてのお務めについての天皇陛下のおことば」で自ら象徴天皇の務めの二大柱として位置づけた祈りと行幸の双方の意味を併せもっているからでしょう。

ただ、「慰霊の旅」の訪問先は、おもに太平洋戦争末期に米軍と戦い、敗れた地に限られています。満州事変や日中戦争からつづく「戦争の全体像」はもっと長く広いにもかかわらず、末期の部分に限定されてしまっているのです。

たとえば、関東軍が満州事変を起こした瀋陽《しんよう》郊外の柳条湖《りゅうじょうこ》、日中戦争のきっかけとなった北京郊外の盧溝橋《ろこうきょう》、同じく日中戦争で日本軍が陥落させた南京《ナンキン》や武漢、激しい空襲を行った重慶、あるいは太平洋戦争で奇襲を仕かけたハワイの真珠湾やマレーシアのコタバルなどを訪れて慰霊を行わなくてもよいのか？　長く植民地支配をした台湾や朝鮮半島やサハリン（旧樺太）に赴かなくてもよいのか？　そうしたことを考えると、天皇・皇后の「慰霊の旅」は偏ったものに見えなくもありません。

確かに天皇明仁は一九九二（平成四）年、歴代天皇として初めて皇后とともに中国を訪問しています。しかしこれはあくまでも「日中友好親善」を目的とするものであり、激戦地への「慰霊の旅」とは異なる文脈の訪問でした。

天皇の「慰霊の旅」が孕《はら》む偏りが、戦争の全体像を見えにくくし、日本人の戦争観を一面的にしているのではないか――。次代の天皇・皇后に託される「課題」の一つは、そうした偏りを正すために、中国やハワイやマレーシアの戦跡、ないしは植民地だった韓国などの周辺諸国や地域を訪問することかもしれません。

第5章　生前退位まで

「3・11」後に高まった天皇のカリスマ性

平成の三〇年間を通じて日本各地の被災地を訪問しつづけてきた天皇明仁・皇后美智子ですが、とりわけ強い印象を与えたのが、二〇一一（平成二十三）年に起きた東日本大震災――いわゆる「3・11」後に重ねられた被災地訪問でしょう。東日本大震災を通じて、天皇・皇后の存在感は格段に増したのです。

震災から五日後の三月十六日、天皇はテレビを通じて、約六分間にわたって「東北地方太平洋沖地震に関する天皇陛下のおことば」を読み上げました。大きな災害に当たり、天皇自身がテレビを通して直接語りかけたのは、じつは前例のないことでした。

天皇はこう述べています。

《被災者のこれからの苦難の日々を、私たち皆が、様々な形で少しでも多く分かち合っていくことが大切であろうと思います。被災した人々が決して希望を捨てることなく、身体《からだ》を大切に明日からの日々を生き抜いてくれるよう、また、国民一人びとりが、被災した各地域の上にこれからも長く心を寄せ、被災者と共にそれぞれの地域の復興の道のりを見守り続けていくことを心より願っています》（宮内庁ホームページ）

地震・津波に加えて福島第一原発の事故が起こり、政府がまだ十分対応できずにあたふたしているなか、天皇は政府や国会を飛び越え、全国民に向かって直接、〝心を一つにしてこの国難に立ち向かおう〟と訴えたのです。あのメッセージに励まされ、安心感を与えられた国民は多かったはずです。

前述のように、天皇・皇后は三月末から七週連続で、東日本大震災の被災地や被災者が避難した施設を訪れています。三月三十日に、福島県から避難した被災者を東京武道館（足立区）に見舞ったのをはじめとして、埼玉、千葉、茨城、福島、宮城、岩手六県の被災地や避難所を毎週回ったのです。

その後、二〇一八年十一月に北海道胆振《いぶり》東部地震の被災地、厚真《あつま》町を日帰りで訪れるまで、天皇・皇后が地震や台風、水害などの被災地訪問を重ねてきたことは、周知のとおりです。そして、訪問を重ねれば重ねるほど、天皇・皇后のカリスマ性は高まっていったのです。

それは、ある意味でメディアの報道姿勢が高めたカリスマ性でもありました。「3・11」後の日々のなか、メディアは政府の対応の遅れは批判しても、天皇・皇后の行動は美談として取り上げるのみだったからです。

励まされる被災者は、もちろん皇室批判などしません。それどころか、直接励ましの言葉をかけられ、涙を流す人も多かったのです。そうした姿がメディアに報じられることで、天皇や皇后はますます輝きを増していったのでした。

ただ、天皇・皇后の被災地訪問には、テレビには映らない面もあったはずです。たった一日数時間の訪問のために、迎える側はどれほどの準備を強いられ、警備などにどれだけ多くの人々が動員されているか。しかし、メディアがそうしたマイナス面を報じることはありません。「天皇・皇后の被災地訪問はありがたいものだ」というイメージが強調されることで、平成――とくに「３・11」後の数年間で、天皇・皇后のカリスマ性は大いに高まったのです。

東日本大震災から一九日目の一一年三月三十日に、天皇・皇后が東京武道館を訪問したときのこと。出迎えた石原慎太郎東京都知事（当時）が、「陛下もお疲れでしょう。被災地は若い男宮を名代に差し向けてはいかがでしょう」と進言しました。しかし、天皇はそのとき、「石原さん。東北は、私が自分で行きます」ときっぱり答えたのでした（朝日新聞社会部『祈りの旅　天皇皇后、被災地への想い』朝日新聞出版）。

天皇はなぜそこまで、自らが被災地を訪問することにこだわったのでしょう？ もちろん、被災者を直接励ましたいという強い思いの発露であったことは間違いありません。しかし、皇后とともに被災地を訪れ、被災者の一人ひとりと会って励ましたり、犠牲者を追悼したりすることは象徴としての重要な務めであり、皇太子や秋篠宮に一任するわけにはいかないとの思いもあったように見えるのです。

平成の三〇年間、皇太子（妃）時代も含めれば六〇年間で、明仁・美智子夫妻が福祉施設や被災地訪問などを通じて直接言葉を交わした国民は、膨大な数に上るでしょう。その一人ひとりにとって、明仁・美智子との一期一会の出会いは、生涯心に深く刻まれた体験となったに違いありません。言い換えれば、皇室と自分が一体になったという、ミクロ化された「国体」が彼らの中に生まれたのです。

いまや日本全国津々浦々に、天皇・皇后との対話の記憶を持ち、「国体」を体感した人々がいる。言い換えれば、政府や国会、地方議会の介在しない、皇室と一人ひとりの国民の直接的なつながりにこそ、「国体」が継承されているのです。

教育勅語や御真影のような、天皇の権威を強化するためのイデオロギー装置は、いまはもうありません。だからこそ、天皇と皇后は実に長い時間をかけて、全国を何度も回りながら、それに代わるものを国民一人ひとりとの具体的な結びつきの中に作り上げようとしたのではないでしょうか。

「汚れた政治家」と「清らかな天皇」

日本国憲法第四条に「天皇は、この憲法の定める国事に関する行為のみを行ひ、国政に関する権能を有しない」とあるように、戦後の天皇は、政治的主体たることを禁じられた存在です。しかし、天皇・皇后の被災地訪問は、現実の政治に対しても目に見えない影響を与えていきました。被災地訪問が大々的に報じられ、天皇や皇后が国民の眼前に現れれば現れるほど、政治家の存在が相対的に小さく見えてしまうという影響です。

つまり、「一方に天皇がいて、他方に国民がいる」という二者関係に還元されてしまい、間にいる政治家や官僚はいわば「無化」されてしまう。そうした現象が、天皇や皇后の被災地訪問のたびにくり返されたのです。

象徴的な例として、東日本大震災発災当時の首相・菅直人《かんなおと》のことが挙げられます。二〇一一（平成二十三）年四月二十一日、発災から一カ月以上がすぎて初めて福島県内の避難所を訪れ、被災者を激励した菅直人は、歓迎されるどころか、被災者から罵声《ばせい》を浴びました。たった数人の避難者に声をかけ、そそくさと帰ろうとする菅首相に、声をかけられなかった避難者が「もう帰るんですか!?」「無視していかれる気持ちってわかりますか!?」などと声を荒げたのです。

その模様は、テレビのニュース番組でくり返し放映されました。被災者たちに歓迎される天皇・皇后との間に、あまりにも鮮やかなコントラストをなしたのです。

発災五日後の天皇の「おことば」が強い印象を与えたのに対し、当時の菅首相が国民に向けてどんなメッセージを発したかは、ほとんどの人が覚えていないのではないでしょうか。そこにもコントラストがあります。

被災地で天皇や皇后は歓迎され、総理大臣は罵声を浴びる――要するに、「政治家はみんな権力に汚れている。被災地を訪れるのも支持を得たいがためのパフォーマンスにすぎない。だが、天皇や皇后は権力から超然としていて、清らかな、あるいは無私の存在である」というイメージが、国民に共有されたのです。

それは、「3・11」後に初めて生まれたものではありません。平成になってから、大きな災害のたびにメディアの中にくり返し現れたイメージだったのです。

たとえば、一九九一（平成三）年六月に雲仙普賢岳で大火砕流が発生したときには、当時の海部《かいふ》俊樹《としき》首相と天皇や皇后の間に、同じようなコントラストが生じました。

海部首相は、天皇よりも早く被災地を訪問しました。にもかかわらず、その訪問の評判は芳しくなかったのです。とってつけたように防災服を着込み、周囲を大人数のＳＰ（セキュリティ・ポリス）に囲ませ、突っ立ったままで被災者に通り一遍のあいさつをしただけで、そそくさと帰ってしまったからです。その姿は、ひざまずき、一人ひとりの被災者の話に耳を傾けた天皇や皇后とは対照的でした。

阪神・淡路大震災発災時の首相であった村山富市《むらやまとみいち》は、被災地訪問自体が天皇・皇后よりも遅く、その点でもブーイングを浴びました。

政治家＝世俗の権力＝汚れている、天皇＝世俗を超越した「神」＝清らか――このような対照的な図式が、平成の大きな災害のたびに増幅されてきたのです。

じつはこうした図式は、超国家主義が台頭した昭和初期にもありました。「五・一五事件」や「二・二六事件」などの背景にも、「政治家や財閥、官僚は腐敗している。その連中が『君側の奸』となり、清らかな天皇の存在を覆い隠しているから、一掃して『君民一体』の『国体』を取り戻さないといけない」という発想があったのです。

左派が天皇を持ち上げる

「二・二六事件」を主導したのが陸軍「皇道派」の青年将校たちであったように、昭和初期の日本で天皇を担ぎ上げていたのは右派勢力でした。ところが、ここ数年というもの、左派・リベラルの人々が天皇を持ち上げ、天皇の発言を安倍《あべ》（晋三《しんぞう》）政権批判に利用するという、なんとも不思議なねじれ現象が生じています。

その背景には、天皇や皇后の発言自体が、リベラルの人たちに歓迎される要素を持っているということがあります。

一例を挙げれば、皇后は二〇一三（平成二十五）年の自らの誕生日（十月二十日）に際して発表した談話の中で、いわゆる「五日市《いつかいち》憲法」を称賛しました。

五日市憲法とは、明治初期の自由民権運動の中で生まれた「私擬《しぎ》憲法」（大日本帝国憲法公布前に、民間で作られた憲法私案）の一つです。正式な名称は「日本帝国憲法」ですが、五日市（現・東京都あきる野市）で作られたため、この名があります。

皇后は五日市憲法について、次のように語りました。

《今年は憲法をめぐり、例年に増して盛んな論議が取り交わされていたように感じます。主に新聞紙上でこうした論議に触れながら、かつて、あきる野市の五日市を訪れた時、郷土館で見せて頂いた「五日市憲法草案」のことをしきりに思い出しておりました。（中略）基本的人権の尊重や教育の自由の保障及び教育を受ける義務、法の下の平等、更に言論の自由、信教の自由など、204条が書かれており、地方自治権等についても記されています。（中略）近代日本の黎明期に生きた人々の、政治参加への強い意欲や、自国の未来にかけた熱い願いに触れ、深い感銘を覚えたことでした。長い鎖国を経た19世紀末の日本で、市井の人々の間に既に育っていた民権意識を記録するものとして、世界でも珍しい文化遺産ではないかと思います》（宮内庁ホームページ）

この談話は明らかに、安倍政権が進めようとしている改憲の動きに釘を差したメッセージでした。安倍総理らが依拠する、「日本国憲法は米国から押し付けられたものだから、改正しなければならない」との考え方に対抗して、「日本には大日本帝国憲法以前から、現在の日本国憲法に通ずる憲法草案が、日本人自身によって作られていた」と主張する一ュアンスを孕んでいたのです。したがって、護憲の立場に立つ人たちから談話が歓迎されたのも当然でした。

私も五日市の郷土館に赴いて五日市憲法草案を見ましたが、そこには必ずしも日本国憲法にそのままつながる条文ばかりが並んでいるわけではありません。「日本国ノ帝位ハ神武帝ノ正統タル今上帝ノ子裔ニ世伝ス」「国帝ノ身体ハ神聖ニシテ侵ス可ラス」のように、大日本帝国憲法とほとんど変わらない条文もあるのです。しかし、皇后はあえて日本国憲法に近い部分にだけ言及していました。つまり、この談話自体が非常に〝政治的〟でもあったわけです。

天皇自身もまた、安倍政権の右派寄りの姿勢に批判的だとされてきました。たしかに、毎年八月十五日に天皇が読み上げる全国戦没者追悼式でのメッセージなどをくわしく検討すると、そのように受け止められる言葉はあります。そのため最近では、いわゆる「ネトウヨ」の人々の間で、「天皇・皇后は反日左翼だ」という、なんとも倒錯した言葉すら生まれているのです。

一方、左派の人たちから見ると、〝天皇は安倍政権に対して距離を置いているらしいから、「敵の敵は味方」で、我々の味方だ〟というような考えになるのかもしれません。しかし、これもまた〝左派の皇道派〟のようなねじれた立ち位置と言えます。

リベラル・護憲勢力と親和的な天皇の考え方は、占領期に受けた教育の影響が大きいでしょう。すでに述べたように、皇太子時代に家庭教師として彼を教育したのは、アメリカからやってきたヴァイニング夫人でした。彼女は基本的には英語の教師でしたが、同時に、アメリカ民主主義の考え方も皇太子に伝えたはずです。それが、天皇明仁の考え方の土台になっているのです。

参与会議での「譲位の意向」の深層

天皇明仁が退位の意向を国民に向けて広く示したのが、周知のとおり、二〇一六（平成二十八）年八月八日のビデオ・メッセージ（「象徴としてのお務めについての天皇陛下のおことば」）でした。

しかし、このメッセージに至るまでには、長い前段がありました。遡《さかのぼ》ること六年、一〇（平成二十二）年七月二十二日の「宮内庁参与会議」の席上、天皇が突然「私は譲位すべきだと思っている」と発言したという事実があるのです。

「宮内庁参与会議」とは、皇室の重要事項について議論するため、御所で開かれるもの。天皇・皇后と、宮内庁長官、侍従長、それに「天皇の私的な相談役」として選ばれた各界の有識者三名（メンバーは三年ごとに更新）の「参与」からなります。

その参与会議の席で、天皇がいきなり譲位の意向を示したとき、参加者は皇后も含め全員が驚いたと言います。天皇一人が、皇后にすら相談しないまま決意を固め、参与会議の席で初めて思いを吐露したのでした。

この事実をスクープした「皇后は退位に反対した」（『文藝春秋』二〇一六年十月号所収）の記事によれば、会議の参加者は全員が退位に反対し、妥協案として摂政の設置を提案したといいます。つまり、天皇は在位したままで、皇太子を摂政にするという案です。しかし、数時間に及ぶ議論を経ても、天皇は断固として摂政案を受け入れず、退位を主張しつづけたのです。

それからは、参与会議のたびに議論が重ねられ、翌一一年ごろになると、議論は退位を前提としたものへと移りました。ということは、「3・11」から五日後に「東北地方太平洋沖地震に関する天皇陛下のおことば」をテレビで語りかけた際には、天皇はすでに退位の意向を固め、周囲もそれを承認しつつあったことになります。

このことを思い合わせると、あのビデオ・メッセージの持つ意味合いも変わってきます。あれはいわば、二〇一六年八月八日のビデオ・メッセージの、予行演習のようなものでもあったのです。また、その後にくり返された被災地訪問も、退位を前提としていたことになります。

一〇（平成二十二）年に参与会議で突如示された「譲位の意向」の持つ意味を、もう一度考えてみましょう。

前章で述べたとおり、天皇・皇后がつねに一緒に行幸啓するのが「平成流」でした。そしてそれは、国民の前にひざまずいて語りかけるスタイルを皇后が始めたように、どちらかといえば「皇后主導」の面が強かったのです。

ところが、一〇年に示した譲位の意向は、天皇が一人で決断し、皇后の反対も押し切って意志を貫く形で具体化していきました。皇后は元々議論に強い女性で、参与会議でも皇后が議論をリードする場面が多かったと言われますが、譲位の意向についてだけは、天皇が議論をリードし、しかも決して折れなかったのです。

なぜ、このときだけ天皇は一人で断固たる意志を示したのでしょうか？

参与会議で天皇明仁は、大正天皇にこう言及したといいます。「大正天皇の場合、病状が快方に向かいそうにないという医師の診断を根拠に摂政が設置された。それは、大正天皇ご自身の意思に反するものであり、踏襲されるべき先例ではない」（前掲「皇后は退位に反対した」）。

さらに天皇は、ビデオ・メッセージを公表する直前の一六年七月にも、元学友の明石元紹《もとつぐ》に「摂政を置いた方が良いという意見もあるようだが、僕は摂政という制度には賛成しない。その理由は、大正天皇のときに、昭和天皇が摂政になられたときに、それぞれの当事者（大正天皇と昭和天皇）として、あんまり、こころよい気持ちを持っていらっしゃらなかったと思う」「その当時、国の中に二つの意見ができて、大正天皇をお守りしたい人と摂政の昭和天皇をもり立てようとする2派ができ、意見の対立のようなものがあったと聞いている。僕は、摂政は良くないと思う」と語っています（『京都新聞』二〇一六年十二月一日）。

おそらく天皇明仁は、昭和天皇から直々に、皇后ですら知らないような大正天皇に関するさまざまな情報を得ていたのでしょう。拙著『大正天皇』（朝日文庫）で記したように、大正天皇は一九二一（大正十）年に皇太子裕仁（後の昭和天皇）が摂政になるのと引き換えに「押し込め」られ、晩年の五年間は二重権威化を避けるべく人々の前にはいっさい現れず、事実上の幽閉状態にありました。天皇明仁の言葉は、当時の宮中が大きく二派に割れていたことを示唆しています。

英国王室で退位という言葉が、一九三六年にエドワード八世が米国人女性のウォリス・シンプソンと結婚しようとして、わずか三二五で退位した「悪しき前例」を思い起こさせるためにタブーとなったように、日本の皇室で摂政という言葉もまた、大正天皇という「悪しき前例」を思い出させるためにタブーとなったのではないでしょうか。もし皇太子徳仁が摂政になれば、自分も大正天皇と同じような運命になってしまう。そうした恐怖が天皇明仁を襲ったとしてもおかしくはないでしょう。

しかし譲位して「上皇」になれば、「押し込め」られることなく、少なくとも私的な活動は制限されません。私的な外出と称して被災地などを訪れることもできます。かつての上皇のように、「父」として権力を保つこともできます。皇太后が「母」として権力をもつような事態を避けることもできるのです。

退位表明メッセージの持つ意味

二〇一〇（平成二十二）年以来の水面下の動きが国民の前にやっとあらわになったのが、二〇一六（平成二十八）年八月八日に天皇がビデオ・メッセージを通じて国民に語りかけた、「象徴としてのお務めについての天皇陛下のおことば」でした。身体の衰えなどから退位の意向を示し、国民に理解を求めたメッセージです。

このメッセージは、一九四五（昭和二十）年八月十五日の「玉音放送」（「終戦の詔書」）を彷彿とさせます。

第一の共通点は、あらかじめ日時を国民に告知していた点です。玉音放送のときは、前日十四日の夜九時と当日の朝七時すぎの二回にわたって、予告がありました。一方、一六年八月八日のメッセージの場合、七月十三日の段階でＮＨＫがスクープという形で断定的に「生前退位の意向」を報じ、放送四日前の八月四日には、同じくＮＨＫが「放送は八月八日十五時から、約一〇分間行われる」と詳細に報じました。

第二の共通点は、その内容です。玉音放送で、昭和天皇は敗戦や降伏と言わない代わりに、「ポツダム宣言を受諾しても国体は護持し得る」、そして「常に臣民と共にある」という点を強調しました。一六年の「おことば」にも、生前退位とは明言しない代わりに、「常に国民と共にある自覚」「どのような時にも国民と共にあり」という言葉が用いられています。

終わりかたも似ています。玉音放送は「爾臣民其レ克ク朕カ意ヲ體セヨ」――つまり「どうか国民は私の気持ちをわかってくれ」という言葉で終わりますが、一六年の「おことば」も、「国民の理解を得られることを、切に願っています」と結ばれます。

「おことば」の中で天皇は、象徴天皇としての務めについて、積極的に定義づけを試みています。

その中で注目すべきは、憲法で定められている大臣の認証や法律の公布などの「国事行為」よりも、憲法に書かれていない「私的行為」である宮中祭祀と「公的行為」である行幸こそが、象徴天皇の中心的な役割だとしていることです。

《私はこれまで天皇の務めとして、何よりもまず国民の安寧と幸せを祈ることを大切に考えて来ましたが、同時に事にあたっては、時として人々の傍らに立ち、その声に耳を傾け、思いに寄り添うことも大切なことと考えて来ました》

《皇太子の時代も含め、これまで私が皇后と共に行《おこな》って来たほぼ全国に及ぶ旅は、国内のどこにおいても、その地域を愛し、その共同体を地道に支える市井《しせい》の人々のあることを私に認識させ、私がこの認識をもって、天皇として大切な、国民を思い、国民のために祈るという務めを、人々への深い信頼と敬愛をもってなし得たことは、幸せなことでした》（宮内庁ホームページ。傍点引用者）

約一一分間のメッセージの中に、「祈る」という言葉が二回出てきます。

多くの国民はこの言葉を聞いてすんなりと納得していたようですが、これは天皇としてかなり踏み込んだ発言です。なぜなら、象徴天皇の務めとして最も重要なのは「国民の安寧と幸せを祈ること」であり、「国民を思い、国民のために祈るという務め」なのだと、天皇自らが国民に向けて明確に定義した、ほぼ初めての例と考えられるからです。

しかも、ただ宮中で祈るのみならず、皇后とともに全国を回り、「人々の傍らに立ち、その声に耳を傾け、思いに寄り添うこと」もまた、同様に大切なのだとも述べています。両者はまさに車の両輪のような関係だとしているのです。

このメッセージこそ、二十一世紀になっても天皇が相変わらず「宗教的存在」であり、その点は戦前から一貫していることを、示して余りあります。

宮中祭祀も行幸啓も、明治になってから大々的に復活したり、新たに作られたりしたものですが、これらは戦後も受け継がれ、平成になってますます比重が増しています。「おことば」からは、この二つの「象徴としての務め」を次代以降も受け継いでほしいという天皇の強い願いが窺えます。

二〇一六（平成二十八）年八月八日の「おことば」は、天皇の退位の意向を国民に認めさせることになりました。政府や国会を飛び越えて、天皇自らが国民に直接語りかけることで、約九割の国民が「退位に賛成」という圧倒的な支持を取り付けたのです。まさに、天皇が一つの「民意」を作り上げたのです。

それは、一九五九年の結婚以来、昭和と平成の約六〇年間を通じて天皇・皇后が行啓や行幸啓で国民に寄り添い、その声に耳を傾け、少しずつ国民との絆を強めていった結果でした。その意味で、あの「おことば」が天皇支持の民意につながったことは、二人の約六〇年間の歩みの集大成でもありました。

もちろん、その「民意」に法的な強制力はありません。しかし、圧倒的多数の国民が賛成の意向を示すなか、政府としてもそれを無視するわけにはいきませんでした。けっきょく、天皇の意向に沿う形で、一七（平成二十九）年六月に「天皇の退位等に関する皇室典範特例法」が公布されることになるのです。

日本会議副会長の小堀桂一郎のように、生前退位は「事実上の国体の破壊につながる」とする右派もいますが、それは明治以降だけを見ているからで、飛鳥《あすか》時代から江戸時代まで、七世紀から十九世紀までの千二百年間は、退位する天皇が半数以上もいました。むしろ、明治から平成までの百数十年間のほうが、特殊な時代だったのです。

天皇と国民が一体となる「君民一体」にこそ「国体」はあるとするならば、退位の世論形成をめぐる天皇と国民の直接的なつながりは、「国体の破壊につながる」どころか、むしろ「国体」の強化につながったのです。

古代の「儒教的君主」への回帰

天皇明仁には、少年時代にヴァイニング夫人から受けた教育を土台に、戦後民主主義精神を深く理解し体現した〝リベラルな天皇〟としての顔があります。しかしその一方で、あたかも昭和までの天皇に戻るかのような面も持っているのです。

その一例として、天皇の平成時代を通じたふるまいに、儒教の政治思想が色濃く反映していることを指摘しておきましょう。

儒教（とりわけ朱子学）は、中国や朝鮮の王朝で、長らく正統としての地位を確立してきました。しかしいまや、儒教が創始された中国にも、朝鮮半島にも、皇帝や国王はいません。東アジアで「君主」に相当する人物は、いまや日本にしかいないのです（北朝鮮のいわゆる「金《キム》王朝」は、実質的君主制と言えなくもないですが）。

儒教の中には「君主は民に愛情を注ぐべし」という考え方があり、この普遍的な愛情が

「仁」の徳として表現されます。日本でも、「仁」は天皇の持つべき重要な徳と見做されてきました。平安時代の清和天皇以来、歴代天皇が「仁」を「通字《とおりじ》」（代々にわたって名前に用いられる字）とすることがしだいに慣例となるのも、このことのあらわれです。「裕仁」や「明仁」の「仁」も例外ではありません。仁という徳を世に広め、自らも体現する存在が、理想としての天皇像なのです。

たとえば明治天皇は、儒学者・元田《もとだ》永孚《ながざね》を「侍読」、次いで「侍講」（天皇の側に仕えて学問を教授する学者）として、「堯《ぎょう》」や「舜《しゅん》」といった中国古代の聖人をモデルに、「仁」を重んじる教育を受けました。東宮御学問所で昭和天皇の侍講となった杉浦重剛の倫理の講義も、三種の神器を「知」「仁」「勇」という三つの徳に見立てるなど、儒教からの影響を明確に読みとることができます。

ただ、明治天皇や昭和天皇の場合、臣民にあまねく「仁」を及ぼす存在というより、近代的な軍事指導者としての威厳を強調する側面のほうが大きくなっていました。戦後になってその側面は消えるわけですが、昭和天皇には戦後になっても、軍事指導者としてのイメージが根強く残っていたと思います。

それに対して、天皇明仁は皇太子時代から、軍事指導者としての顔を微塵も持っていません。そのため、たとえ明治天皇や昭和天皇ほど徹底した儒教的な教育を受けていなくても、本来の天皇が持つべき「仁」の側面が、前面に出てきたのです。

都の外に出て民に愛情を注ぐということも、「仁」を広める行為として、古代の天皇はしばしば行っていました。こうした行幸や巡幸は、八〇四（延暦二十三）年の桓武天皇の和泉・紀伊巡幸までずっと続けられています。

たとえば、奈良時代の聖武天皇は、在位中に旱魃《かんばつ》・飢饉・疫病などの災害が頻発したことについて、「責めはわれ一人にあり」と述べる一方、現在の東海、近畿地方をしばしば回りました。つまり、災害が頻発するのは自分の徳が足りないからだと、己の責任として捉えたのです。この聖武天皇の考え方と行動は、天皇明仁が災害のたびに被災地を訪問した姿と、オーバーラップするように思います。

さらに遡れば、実在と系譜が確実な最初の天皇と言われる継体天皇も、「天地日月にも匹敵する大きさと輝きをもって遠方までも治めて民を愛撫し、都の外に出ては領民の上に恵みを行き渡らせた。天皇の徳は天地の果てまで及び、四方八方に行き渡った」として、天皇に仕えた大伴金村《おおとものかなむら》が『日本書紀』の中で讃えています。

天皇明仁自身は、皇太子時代に当たる一九八六（昭和六十一）年五月に、理想の天皇として「疫病の流行や飢饉に当たって、民生の安定を祈念する嵯峨天皇」や、「『朕、民の父母と為りて徳覆うこと能わず。甚だ自ら痛む』という後奈良天皇」を挙げています（前掲『新天皇家の自画像』）。

もちろん、平安時代の嵯峨天皇や室町時代の後奈良天皇にも儒教の影響を認めることはできますが、どちらも都の外に出ることはありませんでした。全国各地を回る天皇の平成三〇年間のふるまいは、むしろ奈良時代以前の天皇のありように回帰したものとも思えるのです。

エピローグ

「平成」終焉後の天皇

上高地を散策する徳仁・雅子夫妻と愛子内親王
©読売新聞／アフロ

天皇が替われば「スタイル」も大きく変わる

最後に、ほどなくやってくる天皇の退位後、新天皇・新皇后の即位によって、何がどう変わるかを考えてみましょう。

第4章で説明したとおり、天皇明仁は皇后美智子と共に、宮中祭祀と行幸啓を中核とする象徴天皇制の「完成型」を、自ら築き上げてきました。そして、その「完成型」が次代以降も継承されることを、天皇は明らかに望んでいます。退位の意向を表明した「象徴としてのお務めについての天皇陛下のおことば」(二〇一六年八月八日)の内容――具体的には「象徴天皇の務めが常に途切れることなく、安定的に続いていくことをひとえに念じ」という一節――に、そうした気持ちがにじみ出ているのです。

二〇一九(平成三十一)年二月二十四日の「天皇陛下御在位三十年記念式典」でも、天皇は「これから先、私を継いでいく人たちが、次の時代、更に次の時代と象徴のあるべき姿を求め、先立つこの時代の象徴像を補い続けていってくれることを願っています」と述べました(宮内庁ホームページ)。あくまでも自ら定義づけた象徴天皇の務めを基本としながら、「象徴像を補い続けていってくれること」を願うとしたわけです。

しかし実際には、新天皇・新皇后が誕生すると、「平成」を補うどころか、「平成」とは全く異なるスタイルが出てくるのではないかと、私は思っています。

明治から平成までの歴史を見ればわかることですが、代替わりすると、天皇のふるまいは大きく変わります。憲法や皇室典範が変わらなくても、天皇個人の意思によってスタイルはある程度変えられるからです。

一例を挙げれば、明治天皇は各地の御用邸を一度も使いませんでした。天皇が私的な理由で休むというのは、明治ではほぼあり得なかったのです。ところが、次代の大正天皇になると、夏と冬に一カ月以上も皇后とともに日光や葉山の御用邸に避暑や避寒のため滞在するスタイルに変わりました。

天皇がスタイルを変えると、前代の天皇の面影が残っている間は反発もありますが、やがてそれも忘却され、いつしか新しいスタイルが定着します。天皇・皇后が災害のつど被災地に赴き、ひざまずいて被災者に語りかけるスタイルも、いまではすっかり定着していますが、それは昭和期には考えられなかったことなのです。

では、「平成」終焉後には、天皇のスタイルはどう変わるでしょうか？

すでに述べたとおり、つねに天皇・皇后が二人一緒に宮中祭祀や行幸啓を熱心に行うスタイルは、平成になって確立されたものです。けれどもこのスタイルは、おそらくポスト平成時代には維持されないと、私は予想しています。

それは一つには、新皇后となる雅子《まさこ》妃が、「適応障害」（他の病名を指摘する意見もありますが）を抱えているからです。

雅子妃は二〇〇三（平成十五）年に帯状疱疹《たいじょうほうしん》を発症して入院しましたが、それ以降、宮中祭祀に出たのは天皇・皇后が武蔵野陵や神武天皇陵に行っていて宮中三殿にいなかった三回だけで、天皇や皇后が宮中三殿にいるときには一度も出ていません。つまり、過去一五年間にわたってほとんど宮中祭祀に出ていないわけです。

行幸啓についてもしかりです。雅子妃が病を得てから、皇太子は単独で行啓を行うことが多くなりました。最近でこそ二人一緒の行啓が増えてきたものの、長きにわたって、皇太子単独のほうが基本形になっていたのです。

常に二人一緒の「平成流」は、平成の終わりとともに維持できなくなると思います。それを忠実に継承するのは、むしろ皇嗣《こうし》と皇嗣妃になる秋篠宮夫妻の方ではないでしょうか。

天皇明仁・皇后美智子は、全国への行幸啓を続けることで、国民一人ひとりとの直接的な関係を築こうとしました。しかし、代替わり後は、たとえ行幸啓をしなくても、体調が回復しない新皇后の存在そのものが、ストレスを抱えて苦しんでいる人たちにとっての心の支えになるような、別の象徴天皇制のあり方も考えられるのです。

そもそも、雅子妃はなぜ適応障害で苦しんできたのでしょうか。その背景には、ケガレを避けなければならない宮中の環境があるように思われます。ケガレには大きく分けて「死穢《しえ》」と「血穢《けつえ》」がありますが、後者は女性特有のケガレであり、内掌典はそれを避けるための厳格な生活をいまなお続けています（髙谷朝子『皇室の祭祀と生きて　内掌典57年の日々』河出文庫）。こうした環境に、雅子妃もまた拘束されてきたのです。

しかも宮中祭祀のなかには、四月三日の神武天皇祭のように、いまなお「万世一系」イデオロギーに根差した祭祀が少なからずあります。神武天皇の存在は学界では完全に否定されていますが、宮中ではあたかも実在したかのごとく、命日とされる日に大がかりな準備をした上で拝礼しなければならないのです。戦後教育を受け、大学卒業後は外交官として活躍した雅子妃にとって、こうした習慣はなかなか受け入れがたいでしょう。

行幸啓同様、宮中祭祀についても秋篠宮夫妻の方がより忠実に継承するのではないでしょうか。それは一八年十一月三十日の誕生日に際しての記者会見で、秋篠宮が「大嘗祭自体は私は絶対にすべきものだと思います」（傍点引用者）として、大嘗祭に強いこだわりを見せたことからも窺えます。この発言は、天皇家の宗教行事である宮中祭祀を大切なものと考えていることの表れともとれるのです。

新天皇のあり方は「登山」が鍵を握る？

新天皇・新皇后が築いていくポスト平成のスタイルが、どのようなものになるか？　それを考えるうえで一つの鍵になると私が考えているのは、じつは登山の習慣です。

登山は、皇太子徳仁が幼少期からずっと続けてきたものです。中世の海上交通についての研究をライフワークとしてつづけてきたため、自然や水をめぐる環境・歴史の問題に強い関心があって、それが登山にも結びついているのだと思います。

皇太子の登山はかなり本格的なもので、『岳人』や『山と溪谷』といった登山専門誌にエッセーを寄稿したりもしています。それらのエッセーを読むと、山への思い入れの強さがわかります。

結婚後は、雅子妃とともに、東京に近い奥多摩はもとより、北海道、岩手、秋田、福島、長野、山梨、鹿児島など、全国各地の山に登っています。二人が山に登ることだけを目的とする行啓の機会までつくられました。

雅子妃が二〇〇三（平成十五）年に体調を崩してからはもっぱら皇太子単独になりましたが、〇八（平成二十）年からは那須御用邸に滞在する間に、愛子《あいこ》内親王を含む家族三人で、御用邸近くの茶臼《ちゃうす》岳や朝日岳にお忍びで登るようになります。そして、登山の途中で偶然出会った登山客に、気軽に声をかけたり、逆に声をかけられたりしています。

そのような、極力随行者を減らし、規制の枠を外したやり方が、皇太子夫妻の登山の特徴です。

平成の天皇・皇后の行幸啓は、昭和期に比べれば専用のお召し列車を使わなくなるなど、国民に寄り添うものになってはいますが、それでも、やはり大がかりな警備がしかれていました。訪問時間はあらかじめ決まっていましたし、出迎える側は「お二人が車から降りられたら旗を振ってください」などと、分単位で規制を受けていたのです。そして、そこにはたいてい大勢の随行者が関わっていました。その点では昭和の行幸啓に近かったのです。

対照的に、皇太子夫妻の登山は、たまたま出会った国民に声をかける姿勢からも窺えるように、警備や規制からできるだけ遠ざかろうという意思を感じさせるものだったのです。こうしたスタイルが新天皇・新皇后になってからも保たれるかどうかが注目されます。

明治から平成の各天皇のうち、最も自由に行動したのは、じつは皇太子時代の大正天皇でした。皇太子時代に地方を訪問した際には、誰にも気付かれずに朝の公園を散歩したり、ふらりと蕎麦屋に入ったり、軍事演習の合間に旧友の家を突然訪問したりしていたのです。皇太子徳仁の登山中のふるまいは、皇太子時代の大正天皇を彷彿とさせます。

しかし大正天皇の場合、天皇になると皇太子時代のスタイルを維持することができず、明治天皇と同じスタイルを強制され、結局体調を崩してしまったのです。新天皇と新皇后も、しばらくは天皇明仁と皇后美智子がつくり出したスタイルを踏襲しなければならないという圧力にさらされるのではないでしょうか。

皇太子徳仁と雅子妃が登山する様子は、地元紙や登山雑誌などによく報じられていました。それらの写真を見ると、二人の立ち位置にも、明仁・美智子夫妻との明確な違いが感じられます。

天皇明仁と皇后美智子の場合、天皇が先を歩き、その後ろを皇后がついていくという形の写真や映像が、皇太子（妃）時代から非常に多く見られます。あたかも、「天皇は前、皇后は後ろ」という立ち位置が決まっているようなのです。それは明治以降に強まった「良妻賢母」としての皇后像を、忠実に踏襲するものです。

一方、皇太子徳仁と雅子妃は登山においても、二人並んで歩いているところを撮られた写真が多い。愛子内親王が成長してからは、家族三人が横に並んで写った写真もよく見られます。

そこには二十一世紀にふさわしい、男女平等や女性の社会進出を象徴する新しい皇室像を認めることができます。現在、日本の女性政治家の割合は先進国のなかで最低レベルですが、皇室のイメージが変わることで、こうした状態も変わるかどうかが注目されるところです。

「三重権威状態」がもたらす不安定

現在の皇室は、いちばん上に天皇・皇后が位置し、その下に皇太子夫妻がいて、その下に秋篠宮夫妻がいる——という序列が明確にあり、そのことによる安定性があります。

ところが、新天皇即位後にはこの序列が不明確になります。

引退した天皇・皇后は、「上皇・上皇后」という名称になることが決まりました。では、新天皇・新皇后と上皇・上皇后では、どちらが序列が「上」でしょうか？　「現役の天皇のほうが上だろう」と言い切れるほど、単純な話ではありません。なぜなら、天皇、皇后、上皇、上皇后は、いずれも「陛下」と呼ばれるようになるからです。二〇一八（平成三十）年三月、政府は上皇を基本的に天皇と同等と位置づけています。

そして、新天皇・新皇后と秋篠宮夫妻の序列にも、微妙な変化が生じます。

新天皇即位によって、秋篠宮は皇位継承順位一位である「皇嗣」になり、紀子《きこ》妃は「皇嗣妃」になります。皇嗣・皇嗣妃とは、「皇室を継ぐ跡継ぎ」という意味です。つまりこの名称は、「皇統はこちらに継承される」「跡継ぎはこちらだ」というニュアンスを孕んでいるのです。

周知のとおり、新天皇・新皇后には男子がおらず、秋篠宮夫妻には悠仁《ひさひと》親王という男子がいます。新天皇・新皇后の即位によって、秋篠宮夫妻が皇嗣・皇嗣妃になることで、悠仁親王に皇位が継承される流れが、いまよりもはっきりしてくるのです。だからこそ、皇嗣・皇嗣妃が天皇・皇后の完全な「下」にはならないのです。

要するに、即位後は、新天皇・新皇后、上皇・上皇后、皇嗣・皇嗣妃という三者が、どちらが上という明確な序列のないまま「並び立つ」状況になるのです。この点では「二重権威」どころか「三重権威」状態になるわけです。

確かに上皇は、象徴の二重性の問題が生じないようにするため、国事行為はもちろん、公的行為としての行幸もいっさい行わなくなります。しかしながら宮中祭祀については、天皇家の私的な行事という位置づけですから、出席しても何の問題もありません。ましてや上皇后は、皇太后同様、宮中祭祀への出席ばかりか行啓を自由に行うこともできます。じっさい、昭和初期の皇太后節子は、同時代の天皇の行幸を上回る大規模な行啓を行ったり、ときどき宮中祭祀に出たりしていました。

上皇も私的な活動までは制限されませんので、私的な外出と称して上皇后とともに被災地などを訪れることはできます。けれどもそうなると、公式の行幸啓とほとんど変わらなくなり、象徴の二重性の問題が出てくると言わざるを得ません。

天皇が「人間」になるためには

宗教学者の阿満利麿《あまとしまろ》は、著書『日本精神史――自然宗教の逆襲』（筑摩書房）の中で、次のように書いています。

《天皇は、「現御神」ではなくなっても、日常世界の延長線上に非日常的な存在を保持しておきたいという、現世主義的願望に支えられて、いわば「生き神」（宮田登）であり続けているのである》

この指摘が正しければ、天皇は皇室神道を信じようが信じまいが、宮中祭祀をやろうがやるまいが、「生き神」でありつづけるということになります。天皇をそうした存在にしたがっているのは、私たち一般国民の側だというのです。

確かに、被災地や福祉施設などで天皇に会った人々のほとんどは、天皇が「お濠の内側」でケガレを避けながら一年を通して宮中祭祀を行ったり拝礼したりしていることを知らないでしょう。それでも天皇を「神」として迎え、感激の涙を流すのです。

そのように考えると、たとえ代替わりしてスタイルが変わろうとも、天皇は「宗教的存在」でありつづけるのであり、完全な「人間」になることはないともいえます。

もし天皇が「人間」になるとすれば、作家の坂口安吾《さかぐちあんご》が一九四八（昭和二十三）年に昭和天皇の戦後巡幸を批判するために著した「天皇陛下にささぐる言葉」のなかで述べたことが現実になったときでしょう。


《天皇が我々と同じ混雑の電車で出勤する、それをふと国民が気がついて、サアサア、天皇、どうぞおかけ下さい、と席をすすめる。これだけの自然の尊敬が持続すればそれでよい。天皇が国民から受ける尊敬の在り方が、そのようなものとなるとき、日本は真に民主国となり、礼節正しく、人情あつい国となっている筈だ。

私とても、銀座の散歩の人波の中に、もし天皇とすれ違う時があるなら、私はオジギなどはしないであろうけれども、道はゆずってあげるであろう。天皇家というものが、人間として日本人から受ける尊敬は、それが限度であり、又、この尊敬の限度が元来、尊敬というものの全ての限度ではないか》（『坂口安吾全集15』、ちくま文庫所収）

この点で鍵を握るのは、日本で増えつつある外国人ではないでしょうか。彼らの多くは、ここで坂口安吾が述べた「人間」に近い感覚を、天皇に対してもっているように思われるからです。ポスト平成の時代には、外国人労働者や外国人観光客がますます増えてゆくことで、天皇もまた一人の日本人として見られるようになる可能性があること、他方でそれは、平成とは明らかに異なる時代状況のもと、天皇制の正統性をいかにして保つべきかという新たな課題を生み出す可能性があることを、最後に指摘しておきたいと思います。

あとがき

二〇〇六年の夏、私はケンブリッジ大学東洋学部の客員研究員として、一カ月あまり英国に滞在しました。

このとき、ロンドンのバッキンガム宮殿やウインザー城、ウェストミンスター寺院などをつぶさに見学しました。英国では、現在使われている王室の住まいや別邸、そして宗教行事が開催される施設や歴代国王の墓所が（年間を通してではないにせよ）すべて公開され、入場料さえ払えば誰でも内部を見学できたり、至近距離から眺められたりすることに驚きを禁じ得ませんでした。

なぜなら日本では、皇居への立ち入りは一般参賀や乾通《いぬいどお》りの通行が可能となる時期を除いて、厳しく制限されているからです。

通行が可能となると言っても、実際に通行できるのは皇居のごく一部だけで、御所や宮中三殿や吹上《ふきあげ》御苑などに立ち入ることはできません。現在使われている華山、那須、須崎の各御用邸に立ち入ることはいっさいできませんし、歴代天皇陵も鳥居の外から眺めることしかできません。

英国では、国王が英国国教会の首長を兼ねています。その総本山であるウェストミンスター寺院は、国王の宗教行事が行われる内部がすべて公開されています。一方、日本では、天皇の宗教行事が行われる宮中三殿を見学することはできません。宮中三殿は、参列する秋篠宮夫妻などの皇族や三権の長、閣僚ですら外からしか見ることができず、内部に入れるのは天皇、皇后、皇太子、皇太子妃に限られています。

最も重要な宮中祭祀である新嘗祭では宮中三殿に付属する神嘉殿が使われますが、このときは女性皇族が参列できず、神嘉殿に入れるのは天皇と皇太子のみとなります。皇太子以外の男性皇族は入れません。

しかも、宮中三殿の中央に位置する賢所に奉納されている鏡(八咫鏡のレプリカ)は、天皇ですら見てはならないとされています。不謹慎な言い方をすれば、本当にあるかどうかもわからないのです。

こうして見ると、天皇の宗教性や神秘性というのは、英国の国王とは異なり、「見えない」ことによって保たれてきた面があります。そもそも皇居自体がバッキンガム宮殿とは異なり、濠によって隔てられています。皇居の二重橋前にも歴代の天皇陵にも、自動販売機どころかベンチ一つ置かれていません。最近の二重橋前は外国人観光客でごった返すようになっていますが、相変わらず観光客のための案内板すらなく、長くそこにとどまれるような雰囲気は漂っていません。

天皇に対して私たちが抱く「おそれ多い」感情は、戦前と少しも変わらないこうした環境に由来しているところが大きいのです。ふだんは直接見えない天皇や皇后が、自分たちの市や町や村にまでわざわざやって来てくださり、一対一の関係で温かい言葉をかけてくださっていると思うからこそ、声をかけられた人々は感激の涙を流すのでしょう。たとえ天皇が祭服を着て宮中祭祀を行っているところを目にすることがなくても、その姿に清らかさや神々しさを感じてしまうのです。

しかし、神道には教典もなければ教会のような施設もありません。この点で天皇は、英国国教会の首長を兼ねている英国国王とは明確に異なっています。神道にはキリスト教で言う来世や彼岸に当たるものがないからこそ、「見えない」ことでしか宗教性や神秘性を保てないのかもしれません。

本書で記したように、昭和天皇は敗戦後の一時期、神道に対する反省の念とともにカトリックに接近したことがありましたが、そうした宗教に帰依しなくても、天皇は「生き神」として各地で迎えられる素地をもっています。

フランスの哲学者、ブレーズ・パスカルは、『パンセ』（前田陽一、由木康訳、中公文庫）のなかで、「壮麗な宮殿の中にいて、四万の親衛兵にとりまかれているトルコ皇帝を、ただの人間だと思うためには、よほど澄みきった理性を持つ必要があろう」と述べています。十七世紀のオスマン・トルコに対するパスカルの指摘は、現代の天皇制にも十分当てはまるのです。

本書では、敬語や敬称をいっさい用いませんでした。この点に違和感を抱いた読者もおられたかもしれません。本書が世に出る時期がちょうど天皇退位の時期と重なり、「平成の御代」を称える番組や書籍があふれることが予想されるならば、なおさらそうした風潮に背を向けているように見えるかもしれません。

けれどもこういう時期だからこそ、「よほど澄みきった理性」を持ち、近現代の天皇と宗教の関係につき考察しておくことが重要ではないでしょうか。神道のほかに仏教やキリスト教が複雑に交錯してきた宮中の実態や、そうした宗教が天皇や皇后をはじめとする皇室の人々にどのような影響を与えてきたかということを少しでもわかっていただければ、著者としてこれ以上の喜びはありません。

最後になりますが、本書の出版をすすめてくださった潮出版社副部長の堀田知己さんに厚くお礼を申し上げます。

二〇一九年三月

原 武史

本書は書き下ろしです。

原 武史　はら・たけし

一九六二年東京都生まれ。早稲田大学政治経済学部卒業。東京大学大学院法学政治学研究科博士課程中退。日本経済新聞記者、明治学院大学国際学部教授などを経て、現在、放送大学教授。専攻は日本政治思想史。『「民都」大阪対「帝都」東京』（サントリー学芸賞受賞）、『大正天皇』（毎日出版文化賞受賞）、『昭和天皇』（司馬遼太郎賞受賞）、『滝山コミューン一九七四』（講談社ノンフィクション賞受賞）、『「昭和天皇実録」を読む』『皇室、小説、ふらふら鉄道のこと。』（三浦しをん氏との共著）など著書多数。

潮新書 023

天皇は宗教とどう向き合ってきたか

2019年 4月20日 初版発行

著 者｜ 原 武史
発行者｜ 南 晋三
発行所｜ 株式会社潮出版社
〒 102-8110
東京都千代田区一番町 6 一番町 SQUARE
電話 ■ 03-3230-0781（編集）
■ 03-3230-0741（営業）
振替口座 ■ 00150-5-61090

印刷・製本｜ 大日本印刷株式会社
ブックデザイン｜ Malpu Design

ISBN978-4-267-02182-4 C0295